実証性のある
校内研究の進め方・まとめ方

Q-Uを用いた実践研究ガイド

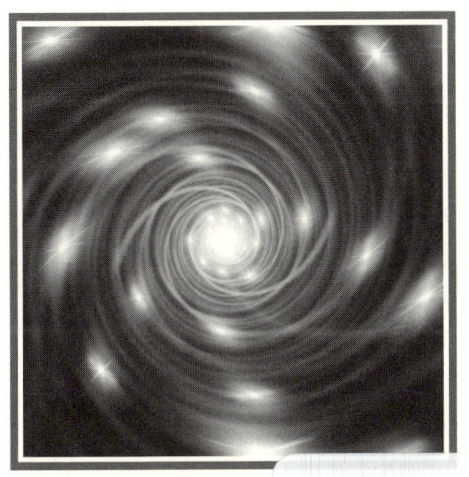

河村茂雄 編著

図書文化

まえがき

　近年，文部科学省や県・市町の指定を受けた学校からの依頼で，校内研究のサポートをさせていただくことが多くなりました。それは，予算のついた各学校の校内研究には，①しっかりした教育実践による成果を出すこと，②成果を実証的にまとめて公表すること，が強く求められるようになってきたからです。

　従来学校は，①さえしっかりやれればそれでよい，という風潮がありました。それは保護者や地域社会が温かく外から見守ってくれていたからです。そのため学校は，②の部分が①に比べてとても弱かったと思います。各地域の学校で発行されている研究紀要も，時間とお金をかけている割には，あまり活用されていないというのが実態ではないでしょうか。

　近年はそうではありません。

　保護者は支援者というよりも，評価者あるいは学校教育を受けるユーザーとして，学校にストレートに要求や批判を向けてきます。そして，学校評価や公的機関のアカウンタビリティ（説明責任）の高まりのなかで，学校は①を証明するために，②も確実に取り組んでいかなければならなくなったのです。せっかくよい実践をしていても，それを証明できるようにまとめて発信しなければ，評価されなくなってしまったわけです。

　教育委員会の評価を得るために形だけ整えている，校長が目立ちたい人でいろいろな研究指定を受け，その発表に多大な労力が費やされてしまっているというような，実践内容以上に対外的評価を高めることに力を傾けている学校は，いまや問題外です。

　これからは，①と②は同時進行で確実に取り組んでいかなくてはなりません。

　そして，実際にその方針で取り組んでみると，②の取組みは①の取組

みをより研ぎ澄まし，教育実践をより向上させるものだということに気づくと思います。自分たちが取り組んだ教育実践を実証的に検討することで，教育実践の具体的な目標，より有効な方法を決定する根拠を得ることができるからです。また同時に，教育実践の評価を客観的に行うことは，教師の自己評価となり，より効果的な教育実践の展開の発見につながるからです。

　全体的にうまくいったからそれでよい，大きな問題が発生しなかったからこれでいいでは，よりよい教育実践にはつながらないでしょう。それどころか，気づかぬうちに停滞していることになってしまうのです。

　本書では，さまざまな仕事を抱える多忙な学校現場で①と②をセットで，効率的に，子どもたちの教育に寄与する形で展開するモデルを，実践例を交えながら紹介していきます。特に，教育実践を進めるなかで記録しておかなければならないこと，分析し整理しなければならないことなど，教育実践の成果を実証的にまとめるポイントを具体的に説明していきたいと思います。

　学校の実態をしっかりと押さえ，明確な計画を立て，継続された地道な取組みによって成果を上げている学校が，本書をたたき台にして，その実践内容を広く全国に発信し，スタンダードなモデルとなることで，学校教育全体の向上の一助につながれば幸いです。

平成22年初夏
　　第52回日本教育心理学会の
　　大会準備が佳境に入ってきた早稲田キャンパスにて

河 村 茂 雄

Index

実証性のある校内研究の進め方・まとめ方

まえがき

第1章 教育実践の成果を共有するために

1 研究紀要はなぜ活用されないのか　　10

2 自らまとめたり発信したりすることの必要性　　11

3 実践研究論文をまとめるための3つのポイント　　12

　(1) スタンダードな形式で作成する　　12
　(2) 文献研究を必ず行う　　13
　(3) 問題の実態把握，実践の効果の測定に　　13
　　　客観的な基準も用いる

4 多忙な教育現場の中で取り組むための第一歩　　14

　(1) スタンダードな形式で作成するために　　14
　(2) 文献研究を必ず行うために　　14
　(3) 問題の実態把握，実践の効果の測定に　　15
　　　客観的な基準も用いるために

5 Q-Uを活用した教育実践研究のすすめ　　15

　(1) 自作のアンケートによる効果の証明はむずかしい　　15
　(2) 教育実践の効果測定にQ-Uが適している理由　　16
　(3) Q-Uが測っているもの　　18
　(4) Q-Uの取組みを支える理念　　19

> **Column**
> Q-Uとは　　　　　　　　　　　　　　　　　　　　　　20
> 統計的な検討ができれば学会論文としても通用　　　　　31
> 教育実践論文が第三者に評価されない理由　　　　　　148

第2章 Q-Uを活用した教育実践の基本構造

1 Q-Uを研究に活用する際の基本的な考え方　　26
　(1) 基本モデル　　　　　　　　　　　　　　　　　　26
　(2) データをどのように活用するのか　　　　　　　　28
　(3) どのデータを見るのか　　　　　　　　　　　　　30

2 Q-Uを活用した構造別の展開モデル　　　　　32
　(1) 不登校問題への対応　　　　　　　　　　　　　　32
　(2) 学力問題の対応　　　　　　　　　　　　　　　　34
　(3) 通常学級での特別支援教育推進の取組み・対人関係形成の　36
　　　取組み

第3章 Q-Uを活用した教育実践の応用

1 全国平均値と比べるシンプルな展開モデル　　40
　(1) 小学校○年A組で良好な学級集団づくりに成果を上げた事例　42
　(2) 小学校○年B組で児童の人間関係づくりに成果を上げた事例　43
　(3) 中学校○学年で学力問題に成果を上げた事例　　　45

2 高度な展開モデル／比較検討：実験群と統制群　　46

第4章 実際の学校現場の実践論文に学ぶ

1 個別学級の取組み　50

(1) 小学校1年生の学級づくり　50

● キーワード：小1プロブレム，外国籍の児童，自己中心的な言動が目立つ児童

Study 1 友達と仲よく交流できる居心地のよい学級づくり　51
　　── SSTを取り入れた学級活動を通して

Study 2 友達を思いやり，認め合える学級づくり　58
　　── SGEを取り入れた学級活動を通して

(2) 前年度荒れてしまった学級の学級づくり　66

● キーワード：単学級，特別支援の必要な児童，前年度の荒れ，チーム支援

Study 3 ギスギスした学級集団から安心して生活できる学級集団へ　67
　　── 楽しい活動を通してルールを守ることの大切さを学ぶ取組み

Study 4 前年度荒れてしまった単学級の学級づくり　74
　　── 通常学級における特別支援教育に関する実践

(3) 6年次崩壊学級もあった中学校1年生の学級づくり　83

● キーワード：中1ギャップ，6年次崩壊学級，家庭の問題を抱えた生徒

Study 5 さらなる"居心地のよい学級"をつくるために　85
　　── 教師が態度をモデルとして示すことを通して

2 学校全体・専門機関の取組み　92

(1) 小規模校での学校をあげた不適応予防の取組み　92

● キーワード：小規模校，管理職のサポート，一斉指導プラス個別支援

Study 6 小規模中学校を活性化させた管理職の実践　93
　　── 早期発見早期対応を実現する校内体制づくりを通して

(2) すべての教育活動を通して自尊感情を高める取組み　100

● キーワード：人権教育，不登校，自尊感情，学校体制

| Study 7 | 生徒の自尊感情が高まる教育活動の創造 ——各教科・道徳・特別活動における交流活動の工夫を通して | 101 |

(3) 市町村単位による系統的な人間関係プログラムを通した学級づくり　107

　●キーワード：市町村単位，不登校予防，小・中学校を通した一貫した教育プログラム

| Study 8 | 児童間の相互理解を深め，学級のまとまりを高めることをめざした取組み（小学校） | 108 |
| Study 9 | 生徒間の相互理解を深め，学級のまとまりを高めることをめざした取組み（中学校） | 113 |

(4) 適応指導教室等の取組み　118

　●キーワード：人間関係づくり，グループ活動

| Study 10 | 県の教育相談指導教室での取組み ——さまざまな集団活動の取組みを通して | 119 |

第5章　教育実践論文に活用できる心理統計の基礎知識

1 質的変数と量的変数　125
2 アンケートと心理検査の異同　127
3 質問紙検査作成の留意点　130
4 統計的検定の考え方　133
5 代表的な統計的検定の方法　136
6 分析結果の効果的な記述の仕方　145

あとがき

第1章

教育実践の成果を共有するために

研究紀要はなぜ活用されないのか

　学校で教師が行う教育実践にはさまざまな要因が複雑にからまっています。そのため，指導内容とその成果との関係を評価することはとてもむずかしいものです。教育実践は一回性のドラマである，とよく言われるのもそのためです。何をしたからこうなったと，因果関係を科学的に分析することは大変むずかしいのです。

　実際，各地域の学校で発行されている校内研究の研究紀要も，その学校の教師たちが時間とお金をかけている割には，他の地域の学校の教師たちにはあまり活用されていない，参考にされていない，というのが実態ではないでしょうか。それは，次の①②の部分が弱いからだと考えられます。

①実践テーマを支える理論に基づき，適切な方法論が用いられた教育実践の取組みの内容が，簡潔に，具体的に表記されていない
②①に従って得られた結果が，第三者も納得するような形で示されていない

　学校の研究紀要や教師個人が発表した実践論文は，その多くが，教育実践の向上をめざした教師チームの取組みの総括であったり，教師個人の教育実践の工夫や努力を独自にまとめたものになったりしているのが実態です。つまり，これまで学校の研究紀要や教師個人の教育実践記録は，他の教師たちが参考にできるようにはまとめられていなかったのです。

　一般に「研究論文」をまとめる目的には，それを読む読者が，欲しい情報を効率よく探し出すことができる，追試できるようにする，という部分が大きいのです。論文に提示された条件・方法・手続きに従って追試を行えば，他の実践者や研究者でも，特定の研究の成果と同じ結果を

出せることが研究論文には求められます。だからこそ，研究論文は一般性をもち，多くの人のモデルになるのです。そして，そうした先行実践や研究のうえに，新しい実践や研究が積み上がっていきます。こうして，その学問領域はより発展していくのです。

「教育実践研究」の分野では，他の実践者，研究者が追試できるように記述するという意識がこれまで薄かったため，論文をもとに他校の先行の教育実践の成果をモデルにするというようなことはなかなかできませんでした。しかし今後は，特定の教育実践の成果から生まれた知見を多くの教師たちが共有できるように，一般化した形に整理していくことが重要だと思います。これは，校内研究の成果についても同様です。

2 自らまとめたり発信したりすることの必要性

さきに述べたように，教育実践の成果を校内研究紀要などにまとめるという行為は，実践にかかわった教師たちの思いを記録するというレベルから，他の教師たちや研究者たちの参考になる資料としての特性をもつまでレベルアップしていく必要があります。

このようなことが求められるようになった背景として，学校評価など，公的な団体の活動に「アカウンタビリティ（説明責任）」が求められるようになってきた社会情勢があります。たとえきちんと成果が上がっていたとしても，第三者が納得できるように自ら積極的に説明していかなければ，しっかり取り組んだとは認められなくなってきたのです。

もうひとつの背景として，教師が自分や自分の周辺だけの経験を頼りにしていては，もはやよい教育実践を展開することがむずかしくなってきたことがあげられます。よい教育実践を参考に，各教師，各学校が相互に高め合っていかなければ，「教師は教育の専門家である」という認識が，社会的にどんどん低下してしまう心配があります。反対に，全国

のより効果的な教育実践の情報を参考に，自分の教育実践を高めていこう，各学校の教育実践のレベルを向上させていこうという意識をもつことができれば，専門職としての教師のアイデンティティを支えていくことになると思います。

3 実践研究論文をまとめるための3つのポイント

では，互いに実践の成果を共有し，それをモデルとして活用し合うためには，どのように研究をまとめていけばよいのでしょうか。P10で述べた①②を踏まえて，最低限，押さえておかなければならない点が3つあります。

(1) スタンダードな形式で作成する

教育実践に関する研究論文は，おおよそ，次のような構成でまとめるのが基本です（詳細は，拙著『公立学校の挑戦』図書文化）。研究紀要などについても，なるべく，このようなスタンダードな形式にそってまとめるのがよいでしょう。

```
要　約……論文全体の概観やまとめ
Ⅰ問題と目的…研究する意味と意義の主張（最後に研究目的と仮説
　　　　　を書く）
Ⅱ方　法………実践計画，調査の仕方の説明
Ⅲ結　果………仮説の検証に関連するすべてのものをまとめる
Ⅳ考　察………結果の解釈と研究知見の展望，今後の課題を書く
Ⅴ文　献………論文で引用した先行研究の文献の名称を書く
付　録……使用した尺度など，読者が追試するのに参考になるもの
　　　　　を書く
```

各項目の詳細は第2章で説明します。

(2) 文献研究を必ず行う

　文献研究とは，これから取り組む問題に関する先行研究（すでに発表されている著作物や論文）を調べることです。文献研究を通して，次の点を事前に整理しておきます。

> ①取り組もうとしている問題について，何がわかっていて，何がわからないのか
> ②問題を捉える枠組みには，どのような理論があるのか
> ③類似した問題に関する研究方法，研究計画については，どのようなものがあるのか

　文献研究を行うと，自分が研究しようとしていることの問題を捉える視点が確かなものになります。そのうえで，研究仮説，研究方法，研究計画を考えていくことで，より適切に選定することができるようになります。

　「近隣の学校がやっていた研究だから」「この方法しか知らないから」「このやり方が簡単だから」というのでは，よりよい教育実践研究には結びつきません。また，自分たちはオリジナルだと思って論文化した研究が，すでに一般には知れわたっていた内容だということもあります。この場合には，論文盗用を疑われる事態も招きかねません。その意味でも，先行研究の確認を行うことは大切です。

(3) 問題の実態把握，実践の効果の測定には客観的な基準も用いる

　教育実践の効果を，特定の実践者が行った観察の記録だけを頼りに，第三者である読者に対して納得させることはむずかしいものです。なぜなら，そこには実践者の主観が入ってしまう可能性が否定できないからです。

追試を行う人によって問題の実態把握，実践の効果の測定にばらつきが出ないように，ある程度の客観性を保つことが求められます。そこで研究の計画には，観察結果などとともに，客観的な指標（出席日数，テストの点，体重の変化など，だれが測っても同じ結果が出るもの）も用いると，結果の妥当性と信頼性を高めることができます。

4 多忙な教育現場の中で取り組むための第一歩

　「研究論文をまとめるためのポイントはわかったけれど，多忙な教育現場では，そのような部分まではなかなか手が回らない」と嘆く読者は少なくないでしょう。しかしそういう状況のなかでも，文部科学省や教育委員会から研究指定を受けたり，教育会での発表があったり，学校公開のために少し専門的な資料が必要だったりなどの理由が生じたうえ，自分がその取組みのリーダー的な役割の一員になってしまった場合には，このような研究の手続きを避けて取組みを進めるわけにはいきません。

　そこで，日々の教育実践を「教育実践論文」としてまとめていくための第一歩として，まずは次のような手だてを講じてみるといいでしょう。

(1) スタンダードな形式で作成するために
○テーマ的に近い領域の，しっかりまとめられた「教育実践論文」を手元に置く
　→その論文の形式や構成，展開の仕方を真似する。
　→その論文に掲載されている引用文献に，まずあたる。

(2) 文献研究を必ず行うために
○テーマに関連のある領域についてまとめてある専門書を一冊手元に置く
　→その領域に関して取り組まれている研究や実践について，ある程度

つかむことができる。
　→キーになる引用文献は熟読して，その本に書かれている引用文献に
　　あたる。
○インターネットの検索サイトで探す
　→キーワードを打ち込めば，かなりの数の論文や著書が検索できる。

(3) 問題の実態把握，実践の効果の測定に客観的な基準も用いるために
○欠席数など測定できる指標を取り入れる
　→観察などの記録データの結果を支える客観的な根拠とする。
○信頼性と妥当性が保障されている標準化された尺度（NRT,Q-Uなど）を取り入れる
　→信頼性と妥当性を証明する必要がない。
　→全国平均値があるので，その点数と比較することができる。
○統計のできる人とつながりをつける
　→校内でエクセルが得意な教師を探す。
　→校内や近隣の学校で教育心理学関係の大学院を出た教師を探す。
　→研修会を利用して，講師の教育心理学関係の大学の教師とつながる。
　　その教師が時間的に無理でも，教え子の大学院生を紹介してくれることも多い。

5 Q-Uを活用した教育実践研究のすすめ

(1) 自作のアンケートによる効果の証明はむずかしい

　教育実践研究の効果測定のために，研究のテーマに合わせて，アンケートや質問紙を自作して使用している学校は多いと思いますが，これには注意が必要です。なぜなら，まずそのアンケートや質問紙に妥当性

（P131参照）や信頼性があることを証明してからでないと、それを用いて得たデータから成果を論じることはできないからです。

　私も教師経験があり、当時、教育実践をまとめたものを地域の教育研究会で盛んに発表し、それなりの評価をもらっていました。しかし、その教育実践論文を日本教育心理学会で発表すると、厳しい指摘をたくさんもらいました。その中心が、P13で述べた「客観的な基準」についてのものだったのです。

　このような苦い経験から、私は教育実践の効果測定に活用できる信頼性と妥当性が保障された尺度を開発するにいたりました。それが、『楽しい学校生活を送るためのアンケートQ-U』（図書文化発行）です。Q-Uは標準化された（信頼性、妥当性が検証済みで保障されている）尺度ですから、教育実践の効果について速やかに議論しやすいのです。

　教育実践研究の効果測定には、最初から妥当性や信頼性が確認されている尺度（標準化された検査など）を用いるのが便利です。

(2) 教育実践の効果測定にQ-Uが適している理由
①総合的に測ることができる

　日本の学校教育の特徴は、「学級」というメンバーの固定された集団を活用し、学習指導と生徒指導を統合的に展開していくことにあります。つまり、教育実践の成果は学習指導とも生徒指導とも高い相関関係があり、相乗的に表れてくるのです。

　したがって、教育実践の成果は常にトータルな視点で捉えていく必要があります。学習面と生徒指導面のどちらか一面だけを取り上げて、学校の教育実践力を評価することがあってはならないのです。

　よい授業や活動、楽しく充実した学校生活は、子どもの学校・学級生活の満足感に反映します。Q-Uは学習指導面と生徒指導面の両面を踏まえた子どもたちの学校・学級生活のトータルな満足感を把握するので、教育実践を統合的に捉える指標になるのです。

②学校生活の代表的な領域（場面）をまんべんなくチェックできる

　Q-Uの「学級生活満足度尺度」の項目には，子どもたちの学級生活・活動の代表的な領域が網羅されています。子どもの回答状況から，どの領域（場面）に特に問題を抱えているのかを知ることができます。

　また「学校生活意欲尺度」では，領域別に子どもの意欲を測定することができます。この結果は，子どもへの具体的な対応の目安になります。さらに，これらの領域は，教育する側（教師）が子どもたちに提供したい内容ともマッチさせてありますので，自分たちの行った実践が子どもにどう受け取られているのかを確認するのにも役立ちます。

③子どもの変化をいちはやく捉えられる

　Q-Uが捉えているのは，教育実践に対する子どもたちの受け取り方，すなわち認知です。行動として表れる前の不適応感・不満足感の段階を把握するので，早期発見・早期対応に活用しやすいのです。

　不登校を例にあげると，まず子どもはいきなり学校に来られなくなるのではなく，初めは学級・学校生活に不適応感や不満足感を抱き，それが一定レベルを超えると，不登校という行動に表れてきます。問題行動が目に見えるようになった段階では，子どもの不適応感・不満足感はとても高まっており，その対応はとてもむずかしくなります。それに対してQ-Uでは，行動化する前の段階でサインをつかもうとします。

　Q-Uの質問項目は，信頼性・妥当性を維持できる範囲で，項目数をできるだけ少なく精選してあります。さらに子どもの実態によって変化が生じやすい項目を300項目から抽出してあります。したがって，Q-Uは子どもの小さな変化にも反応性が高いのです。

　近年，現職の教師が大学院で学ぶ機会が増えてきました。これは，教育実践に関する専門性をより高めたいというニーズが増えているからだと思います。そのような教師たちが，修士論文をまとめる際の尺度としても，Q-Uが選択されることが大変多くなってきました。その理由は，前述の①②③の要因があるからだと思います。

(3) Q-Uが測っているもの

　では，Q-Uではいったい何を測ることができるのでしょうか。
　Q-Uを実施してわかるのは，基本的に「個人」と「集団」の2つの情報です。集団についての情報は，子ども個人の情報を応用したもので，その応用可能性は1万学級のデータを整理して標準化したものです。

1．子どもたち個人について
①一人一人の子どもの学級生活の満足感
②一人一人の子どもの学級生活の各領域ごとの学校意欲
2．学級集団について
①学級集団の状態・1——集団としての成熟状態
　　　　　　（子どもたちの満足感の分布状況から判断）
②学級集団の状態・2——集団の雰囲気の状態
　　　　　　（子どもたちの学校意欲の分布状況から判断）

　さらに，上記から，次のことがわかります。

3．学級集団における各子どもたちの相対的位置関係
①学級生活の満足感に関して
②学校意欲に関して

　以上のことから，Q-Uでは教師が教育実践をするうえで次のような情報が得られます。
　○不登校になる可能性の高い子どもがわかる
　○いじめ被害を受けている可能性の高い子どもがわかる
　○各領域で意欲が低下している子どもがわかる
　○学級崩壊に至る可能性がわかる
　○学級集団の雰囲気がわかる

(4) Q-U の取組みを支える理念

　Q-U の取組みを支える私なりの理念に,「子どもの心に寄り添った教育実践をしたい」という思いがあります。これは,ブラント・バールソン（Burleson, 1989）の「対象者中心性（Person-Centeredness）」の考え方に影響を受けています。バールソンは次のように述べています。

　「サポートは多種多様であるが,その効果は,そのメッセージが対象とする受け手の心情にどれだけ添ったものであるかの度合いによる」。

　「人の精神的健康は,周囲の人々からどれだけサポートを受けたことがあるかよりも,その人がそれらのサポートに対して,どのくらい満足しているかによって大きく左右される」。

　つまり,サポートする側がいくら熱心であっても,その内容が受け手のニーズから外れていれば効果は少ないということです。したがって,サポートする側は,自分が何かをやったと自画自賛する前に,そのサポートを受けた相手の満足感に謙虚に耳を傾けなければならないと思います。

　学校現場では,教師は常に子どもに寄り添った教育実践を行うべきである,子どもの心の声を聞かなければならない,と言われていますが,子どもたち全員の声を,一人一人時間をとって聞くことができないならば,せめて質問紙などを活用して,子どもたち個々の満足感を定期的にアセスメントして,それを基に教育実践したいと強く思います。そのための道具が Q-U なのです。

　私は,教育実践を評価する中心は子どもだと思っています。そして,子どもの"Quality of School life";学校生活や学級生活の質・満足感を保障した教育実践を展開したいと願っています。

Column　Q-Uとは

1．Q-Uの内容

　『楽しい学校生活を送るためのアンケートQ-U』（河村茂雄著，図書文化）は，「いごこちのよいクラスにするためのアンケート」と「やる気のあるクラスをつくるためのアンケート」の2つの質問紙から構成されています。2007年より発売されたhyper-QUは，上記2つに「日常の行動を振り返るアンケート」を加えた，3つの質問紙から構成されています。

　「いごこちのよいクラスにするためのアンケート：学級満足度尺度」は，子どもが学級・学校生活にどのくらい満足しているのかを測る尺度です。このアンケートでは，①学級の中で自分が友達から受け入れられ，考え方や感情が大切にされているという「承認」にかかわる気持ちと，②学級の中で友達とのトラブルやいじめを受けているなどの不安があるという「被侵害」にかかわる気持ちについて聞いています。

　「やる気のあるクラスをつくるためのアンケート：学校生活意欲尺度」は，学校生活のどの場面に意欲をもって生活しているかを測る尺度です。小学生用は「友人との関係」「学級との関係」「学習意欲」の3領域，中学生・高校生用は，それに「進路意識」「教師との関係」を加えた5領域の得点を測定できます。

　「日常の行動を振り返るアンケート：ソーシャルスキル尺度」は学級の子どものソーシャルスキル，つまり対人関係を営む技術やこつの習得度合を測る尺度です。友達を尊重する姿勢を測る「配慮得点」と，友達に能動的にかかわる姿勢を測る「かかわり得点」の2つが算出されます。

2．Q-Uのやり方

ここでは「いごこちのよいクラスにするためのアンケート」を中心に，使い方と結果の読み取り方を説明します。まず，子どもたちにアンケート用紙を配り，質問に答えてもらいます。帰りの会などで，5～10分程度で実施することが可能です。

集計は，子ども一人一人について，①承認得点と②被侵害得点を算出します。この2つの得点を座標軸にした表の中に，子ども一人一人の名前や出席番号などの印を書き込み，子どもたちを学級生活満足群，非承認群，侵害行為認知群，学級生活不満足群の4つのタイプに分けて理解するわけです。

3．Q-Uの結果の見方
①個人の内面の把握

個人の内面を4つのタイプに分類して把握し，それぞれのタイプにあった個別の対応を考えます。

学級生活満足群（図1のa）は，承認得点が高く，被侵害得点が低い子どもたちです。学級内で存在感があり，いじめや悪ふざけを受けている可能性が低く，学級生活に満足感をもっていると考えら

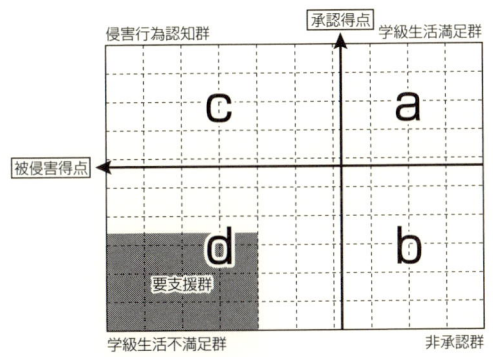

図1　児童生徒の4つのタイプ

れます。

　非承認群（図１のｂ）は、承認得点と被侵害得点がともに低い子どもたちです。いじめや悪ふざけなどを受けている可能性が少ない代わりに学級内で認められることも少なく、学級生活やもろもろの活動に意欲が見られないと考えられます。

　侵害行為認知群（図１のｃ）は、承認得点と被侵害得点がともに高い子どもたちです。学級生活やもろもろの活動に意欲的に取り組んでいるが、他の子どもとトラブルが起きている可能性があると考えられます。

　学級生活不満足群（図１のｄ）は、承認得点が低く、被侵害得点が高い子どもたちです。耐えがたいいじめ被害や悪ふざけを受けている可能性や、学級の中に自分の居場所が見つけられていないケースが考えられます。特に左下（網掛けの部分）の位置にくる子どもは、不登校になる可能性が高くなります。

②「学級集団」としての状態

　学級の子どもが４つの群にどのように分布しているかを見ることで、「リレーション」と「ルール」がどの程度確立されているのか、そのバランスをとらえ、学級集団の状態像を把握することができます。

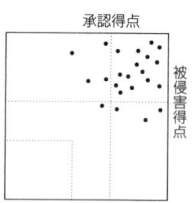

図２　満足型の学級

　満足型の学級：「リレーション」と「ルール」がバランスよく確立され、意欲的で互いを尊重し合う雰囲気がある学級です（図２）。

　かたさの見られる学級：「ルール」はあるが、「リレーション」が不足しています。規律やけじめが重視され、落ち着

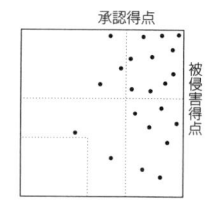

図３　かたさの見られる学級

いた雰囲気ですが，教師や子ども同士が生活態度や行動を厳しく評価していたり，自分の気持ちを表現することや，友達とのふれあいが少ない学級です（図3）。

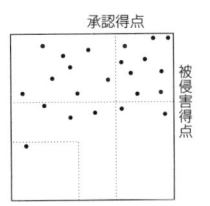
図4　ゆるみの見られる学級

ゆるみの見られる学級：「リレーション」はあるが，「ルール」が不足しています。子どもが自己主張する場面や友達とかかわる場面が多く活発ですが，対人関係上のマナー，規律やけじめが定着していないのでいじめやトラブルが頻繁に起こります（図4）。

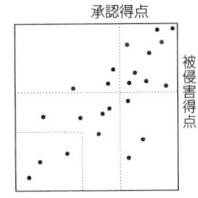
図5　荒れ始めの学級

荒れ始めの学級：「リレーション」と「ルール」が共に不足し始めてきます。図3，図4のときに具体的な対応がなされないままだと，学級のプラス面が徐々に消失し，マイナス面が現れてくるわけです。この状態になると，教師のリーダーシップは徐々に効を奏さなくなり，子どもたちの間では，互いに傷つけ合う行動が目立ちはじめます（図5）。

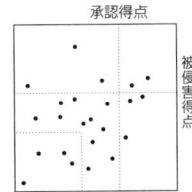
図6　崩壊した学級

崩壊した学級：「リレーション」「ルール」がともに不足しています。学級では，けんか，いじめが絶えず起こり，子どもたちの人間関係は希薄で，ほとんどが「この学級は嫌だ」と感じている状態です（図6）。

第2章

Q-Uを活用した教育実践の基本構造

　教育実践論文に期待されているのは，教育実践や児童生徒の理解・対応につながる「効果的な方法論」や「新たな知見」です。研究をまとめる際には，このことを忘れてはならないと思います。もし目の前の教育実践論文が次のようなものであったら，そこで提案されている方法論や知見は，だれにも信用されないということです。

> ◆実践者にとってあまりにも都合のよい論理展開
> ◆何をやったのかが曖昧な方法論
> 　実践者の熱意や努力ばかりが力説された方法論
> ◆実践者にとって都合のいい主観的なデータに基づく成果
> 　たまたまそうなったとも考えられるデータに基づく成果
> ◆実践の成果から離れた一般論に近い考察

　第1章で述べた「実践研究論文をまとめるための3つのポイント」は，外部の人から信用を得るための最低限のハードルです。
　第2章では，教育実践論文が対外的な評価を得るために，基本となる研究モデルを紹介します。

Q-Uを研究に活用する際の基本的な考え方

(1) 基本モデル

　教育実践研究論文が対外的評価を得るための第一歩は，教育実践に確かな成果が認められたことを，第三者にも納得してもらえる形で示すことです。そのためには，次のような方法をとるのが代表的です。

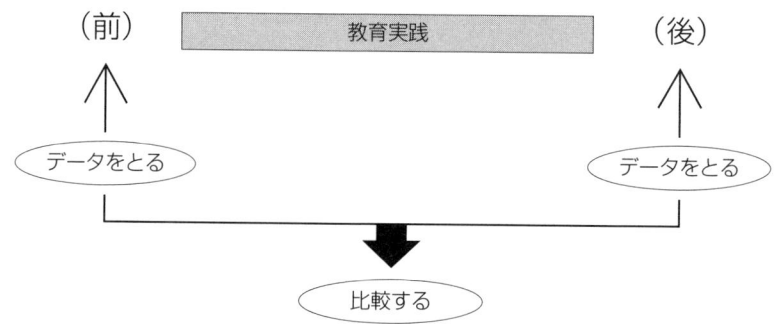

　このように，教育実践を行う「前」と「後」にデータをとり，どのような変化があったか，データを比較して検証することが基本モデルとなります。繰り返しますが，教育実践の事前と事後，2回データをとることが大切です。

事前事後のデータとして，Q-Uを用いる場合の手順は，次のとおりです。
・教育実践の最初（5月ごろ）と最後（12月または2月ごろ）にQ-Uを実施する。
・①「学級満足度尺度」の「承認得点」「被侵害・不適応得点」と，②「学校生活意欲尺度」の「友人関係」「学習意欲」「教師との関係」「学級とのかかわり」「進路意識」の得点の変化を調べる。
・各得点の変化（有意差検定を行うのがベスト）から，取組みの成果や有効性を論述していく。

→【対応のあるt検定・P136参照】

　取組みが長期間にわたる場合，教育実践の途中で3回ほどデータをとって，それぞれの結果を比較する方法もあります。途中経過の検討を含めて，年3回（5月，10月，12月または2月）Q-Uを行うのも同じ考え方です。

→【分散分析・P138参照】

Point　心理検査を実施する際の留意点

　Q-Uをはじめとするすべての心理検査は，子どもの情緒が比較的安定している時期・時間帯に実施することが鉄則です。運動会や文化祭などの行事直後のように，子どもの感情が高ぶっているときは適切ではありません。子どもが冷静に，率直に回答できる状況のときに実施することが求められます。

(2) データをどのように活用するのか

　Q-Uのデータから効果検証を行う場合に，次の2通りの方法があります。もちろん，IとIIを一緒に活用している学校も少なくありません。

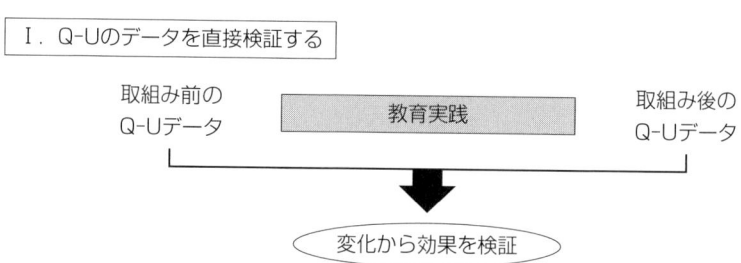

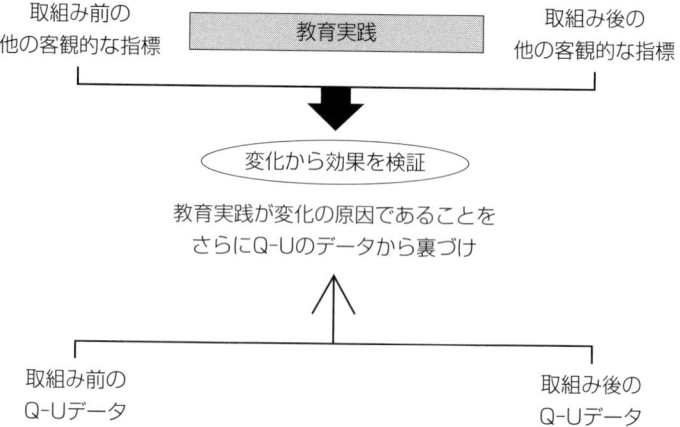

Ⅰでは，例えば「学級づくりの取組み」の成果として，Q-Uの不満足群の割合が12％（5月）→4％（10月）に減少したデータを根拠として示すことが考えられます。

Ⅱで用いる「他の客観的な指標」とは，「欠席日数」や「標準化された学力テストの得点」「休み時間に一緒に遊んでいた友達の数」など，取組みの目的に直接つながる指数で，だれが測っても同じ結果が得られるデータのことです。子どもの観察記録や作品などとともに，このようなデータについても取組みの前後で調査しておくことが大事です。

例えば，「不登校を減らす取組み」において，不登校の生徒数が昨年の23人から今年は11人に減少したなどのデータがあれば，より説得力が増すのは当然のことでしょう。

しかし，このようなデータだけを用いて，不登校生徒数が減ったのは，教師の教育実践や対応が有効に働いたからだというのでは，安直すぎます。もしかしたら，生徒の卒業や転出などで不登校生徒数が減っただけかもしれないからです。

そこで，教師たちの取組みがどのように生徒に影響したかを検証するために，Q-Uのデータを用います。Q-Uのどれかの領域で得点の変化が見られた場合，それが学校適応のきっかけになっていると考えられます。それを根拠として，不登校生徒数が減ったこと（成果）の背景には教師の教育実践や対応があり，それらが有効に働いたことを考察していくのです。

教育実践における「客観性」は，多くの人々に納得を与える「公共的主観性」ともいわれています。くれぐれも，教育実践の成果が「教育実践にかかわった人だけの恣意的，主観的な結果」と，第三者から判断されないようにしなければなりません。

(3) どのデータを見るのか

効果検証のためにどのデータを用いるかについては、目的に応じて次の2つの方法があります。もちろん、(ア) と (イ) を同時に行うこともあります。

(ア) 集団全体

すべてのデータの平均によって
集団全体の変化を調べる

(イ) 特定の生徒

特定の条件の子どもを
取り出して変化を調べる

Point データの取り方は事前に計画する

教育実践や特別な対応に取り組む前に、教師たちは前記の [Ⅰ、Ⅱ] [(ア)、(イ)] について、教育実践計画として、事前に確認しておかなければなりません。この部分があいまいということは、その教育実践の取組みや対応が泥縄的なものに陥っている可能性が高いのです。

Column　統計的な検討ができれば学会論文としても通用

　実践結果を検討するときに,「実践前のデータよりも実践後のデータのほうが得点が高くなっていたから,この取組みは効果があった」と単純にいうことができるでしょうか。例えば,特定の学習方法を取り入れた結果,学級のテストの平均点が,75.6点から77.2点に上がったとします。この場合,1.6点上昇したことから,特定の学習方法には効果があったと判断していいのかどうかを考えてみましょう。

　厳密にいうと,単に実践前よりも実践後の点数のほうが高くなったというだけでは,効果があったという判断はできません。上昇したという測定値（1.6点）が,実践の成果として意味のある値なのか,誤差の内に含まれてしまうものなのかを分析する必要があるからです。

　これを判断する方法に,統計法の「有意差検定」があります。教育現場ではあまりなじみがありませんが,測定値の変化が意味を有するのかどうかを判断するうえで,学会レベルの研究論文には必ず求められる分析です。

　近年はパソコン用の心理統計ソフトが多数販売されているので,それらを活用することで,測定値の有意差の検討は比較的容易にできるようになってきました。ただし,ソフトを利用するにあたっても必要最低限の統計的知識は必要です。筆者の研究室が,文部科学省,県や市町の指定を受けた学校の校内研究をサポートする際にも,有意差検定を用いた効果の検討を行うことは,重要なポイントとなっています。

→【有意差検定：P136参照】

2　Q-Uを活用した構造別の展開モデル

　本節では，「不登校」「学力低下」「特別支援教育」などの学校現場が抱える問題別に，実際にQ-Uを使ったおもな研究のモデルを提示します。現在Q-Uを活用して教育実践を行っている学校では，1節で述べた基本モデルを組み合わせ，Q-Uの全データを有効に活用しています。

(1) 不登校問題への対応

　関東A中学校，不登校の未然防止に取り組み，成果を上げた事例です。本事例で，30日以上欠席した不登校生徒数が，23人から11人へと良好に推移した背景には，教師たちの有効な取組みがあったと考えられます。その根拠となるのが，Q-Uの各尺度の得点の良好な変化です。

問題
　A中学校は少し荒れた雰囲気があり，ここ数年，30日以上欠席した不登校生徒が年間20人（生徒数約380人強）を超えている（発生率0.053人）。全中学校の不登校生徒の発生率は0.029人（平成20年度文部科学省報告）であるから，約2倍近い発生率になっている。

課題
　全国平均の約2倍に近い不登校の発生率を低下させる。

仮説
　全生徒の学校や学級生活の満足感を高めることにより，不登校にいたる生徒の発生率を低下させることができるだろう。

取組み方法（簡略）
①すべての生徒の承認感を高める支援を授業・活動に取り入れる
・生徒の地道ながんばりを認める言葉がけを教師が意識して行う。
・生徒同士の認め合いの場を帰りのホームルームに取り入れる。

※ 5月上旬に実施したQ-Uの結果から，不満足群，承認得点が全国平均よりも低かった生徒には教師は特に意識して行う。
② 学級生活の5つのルールを生徒たちで決め，みんなで守るように全教師で支援する
・ルール違反があれば，叱責ではなく，個別にどのようにすれば守れるかを話し合う。

結果

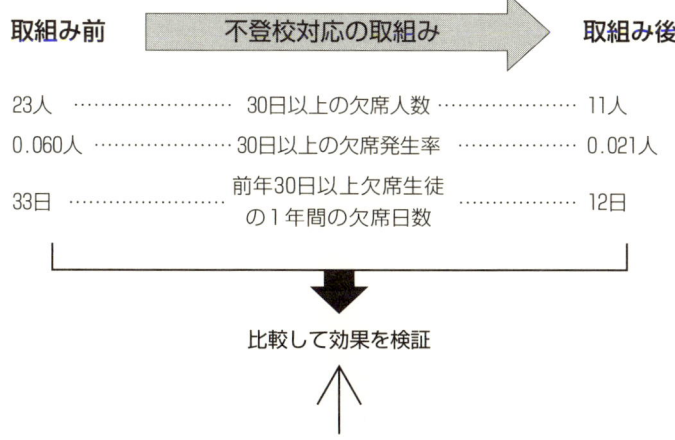

・「承認得点」の上昇，「被侵害得点」の低下。
・「友人関係」「教師との関係」「学級とのかかわり」で得点が上昇。

成果があったこと（Q-Uの得点の良好な変化・不登校発生率の低下）＋すべての生徒の満足感を高める取組みが有効であったこと（Q-Uの得点の良好な変化），が立証された。

考察（簡略）

・教師たちの教育実践が有効（Q-Uの得点の良好な変化）で，生徒たちの学級生活の満足感が向上し（Q-Uの得点の良好な変化），その結果，校内の不登校発生率が低下した（不登校発生率の低下）。

(2) 学力問題の対応

東海B中学校，学力向上に取り組み，成果を上げた事例です。本事例ですべての生徒の学力の定着が良好に推移した背景には，教師たちの有効な取組みがあったと考えられます。その根拠となるのが，Q-Uの各尺度の得点の良好な変化です。

問題
B中学校は昔からの農村部と新興住宅地が半々の地域に校区があり，学校に大きな問題はないものの，生徒たちは主体性に乏しく，例年の標準学力テストでも全国平均値を全体にわずかに下回っている状態である。内訳としては，多くを占める中間層の生徒たちの学力がやや低迷しており，下位8分の1の生徒たちが学習活動に向かいにくくなっている。

課題
すべての生徒たちの学力の定着度を向上させる。

仮説
一斉指導を充実させる方向と個別対応を充実させる方向の対応を組み合わせれば，すべての生徒たちの学力の定着度は向上するだろう。

取組み方法（簡略）
①一斉指導を充実させる方向

ルールとリレーションを定着させ，生徒相互の学び・学び合いを活性化した満足型学級集団を形成することによって，以下の2点を達成する。
・一斉授業を効率よく，意欲的に取り組みやすい展開にするとともに，生徒全体の学習活動を充実させる。
　→活動型（班での調べ学習，ディスカッションなど）の授業展開を意識的に導入する／小グループで活動した内容をチェックし合うなど，時間をとり認め合う場面設定を行う。
・学級全体の学習意欲を向上させる。

→ゲーム的要素（漢字ビンゴ，友達の作成した問題を解く，失敗するまで読み続ける音読など）を取り入れるなど，活動する楽しさ，友達とかかわる楽しさを体験する場面を意識的に導入する。

②個別対応を充実させる方向
・個別配慮が必要な生徒，学力レベルに合わせた生徒たちを対象にして，レベルに合わせた少人数指導やティームティーチング対応を行う。
・生徒の地道ながんばりを認める言葉がけを教師が意識して行う。

結果

取組み前 → 学力への取組み → 取組み後
X点 ……………… 標準化されたの学力テストの得点 ……………… X+4.8点

↓

比較して効果を検証

↑

Q-Uの得点からも良好な変化を確認

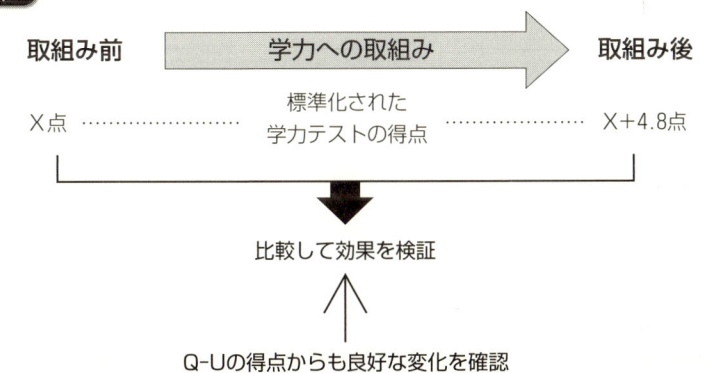

・「承認得点」の上昇，「被侵害得点」の低下。
・「学習意欲」「学級とのかかわり」で得点が上昇。
・学力下位8分の1の生徒において，「学習意欲」の得点が上昇。「教師との関係」「学級とのかかわり」の得点も上昇（補足説明の根拠として）。

↓↓

成果があったこと（標準学力テストの得点の上昇，Q-Uの得点の良好な変化）＋生徒たちの学力の定着を高める取組みが有効であったこと（Q-Uの得点の良好な変化）が立証された。

考察（簡略）

・教師たちの教育実践が有効（Q-Uの得点の良好な変化）で，生徒たちの学習活動が充実し（Q-Uの得点の良好な変化），その結果生徒たちの学力の定着が向上した（標準学力テストの得点の上昇）。

(3) 通常学級での特別支援教育推進の取組み・対人関係形成の取組み

関東C小学校，通常学級で特別支援に取り組み，成果を上げた事例です。本事例で，学校内のすべての学級の状態の良好な形成（Q-Uの各尺度の得点の良好な変化），すべての児童の友人数の増加，特別支援の必要な児童の友人数の増加（友人数調査の集計数の増加）の背景には，教師たちの有効な取組みがあったと考えられます。その根拠となるのが，Q-Uの各尺度の得点の良好な変化です。

問題

C小学校はここ数年学級経営がむずかしくなり，崩壊に近い学級が毎年出現している。各学級に特別支援の必要な児童が1，2名おり，さらに，特別支援の必要な児童が孤立したり，不適応になったりする事例も出てきている。

課題

多様なニーズをもつ児童たちの実態に応じながら，親和的でまとまりのある学級集団を育成する。特別支援の必要な児童の満足感を高める。

仮説

すべての児童の学級生活（友人関係，学級とのかかわり，学習活動）の満足感を高めることにより，児童たちは良好な対人関係を形成でき，結果として親和的でまとまりのある学級集団を育成することができるだろう。

取組み方法（簡略）

①すべての児童の満足感を高める支援を授業・活動に取り入れる
・授業や活動の前に，友達とのかかわり方や行動の仕方のルールを，ソーシャルスキルトレーニングの要領で，全員に確認させる。
・授業や活動の節目，週末の帰りの会で児童相互の認め合いの場面を取り入れる。

・児童の評価は，個人内評価とする。他の児童と比べない。
②一斉指導のなかに，必ず個別活動・支援の時間を設定する
・特別な個別支援が必要になったときや，特定の児童に行うのではなく，日常から個別活動・支援の時間を位置づけ，すべての児童に対応する時間とすることを習慣化させる。
③取組みの検討会を定期的に行う
・週末に取組みの検討会を学年で行い，定められたプリントに記入して次週の取組み・連携を確認する。
・月末に各学年の取組みの検討会を行う。

結果

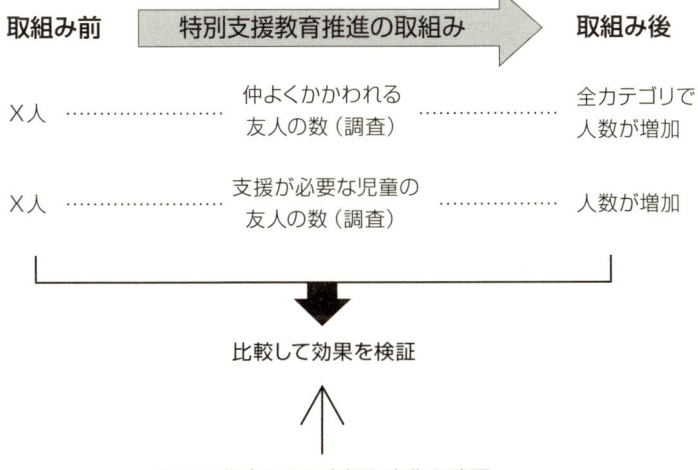

取組み前	特別支援教育推進の取組み	取組み後
X人	仲よくかかわれる友人の数（調査）	全カテゴリで人数が増加
X人	支援が必要な児童の友人の数（調査）	人数が増加

↓
比較して効果を検証
↑
Q-Uの得点からも良好な変化を確認

・「承認得点」の上昇，「被侵害得点」の低下。
　あるいは「学級生活満足群」の出現率が全国平均値よりも高い。
・「友人関係」「学習意欲」「学級とのかかわり」で得点が上昇。
・支援が必要な児童において，「承認得点」の上昇，「被侵害得点」の低下。
　また「友人関係」「教師との関係」「学級とのかかわり」でも得点が上昇。

↓↓

成果があったこと（友人数の増加，Q-U の得点の良好な変化，同時に特別支援の必要な児童の良好な変化）＋**通常学級で特別支援を推進する**（学級集団の育成・児童たちの対人関係形成の促進）の取組みが有効であったこと（Q-U の得点の良好な変化）が立証された。

考察（簡略）

・教師たちの教育実践が有効（Q-U の得点の良好な変化）で，児童たちの学級生活の満足感が向上し（Q-U の得点の良好な変化），その結果良好な学級集団が形成され，特別支援の必要な児童も含めたすべての児童の友人数が増加した（友人数調査の集計数の増加）。

第3章

Q-Uを活用した
教育実践の応用

　第2章では，取組みの前後にデータをとって比較する「基本のモデル」について述べました。本章では，全国平均との比較を用いたよりシンプルなモデルと，統制群との比較を用いたより高度なモデルを紹介します。

1 全国平均値と比べるシンプルな展開モデル

　第2章で取り上げた基本的な展開モデルでは，教育実践の事前・事後にQ-Uを実施し，事後の得点と事前の得点の差を比較検討することで，取組みの成果を論述しました。では，Q-Uを1回だけ実施する場合には，どのようなモデルが考えられるでしょうか。

　その場合は，その学級・学校のQ-Uの得点を，全国平均値と比べます。Q-Uは標準化された心理検査であり，全国平均値の変化についても定期的に確認しています。そのサンプル数も，230万人（2010年度）という膨大なものです。したがって，全国平均値と比べることで，自校の取組みの成果が全国の中でどのくらいの位置にあるのかを知ることができます。もし全国平均より高い結果が出ていれば，その取組みは一定の成果を上げていることを証明できます。

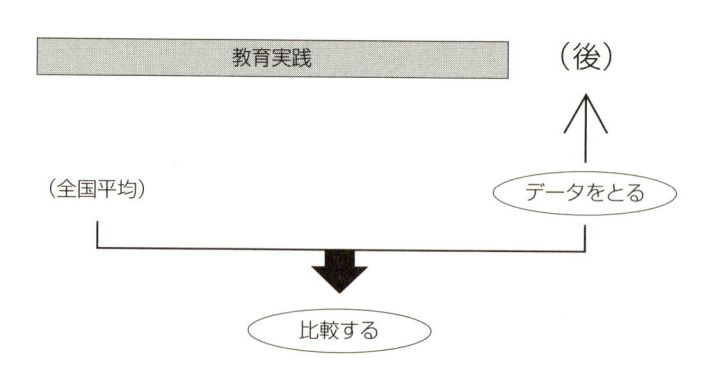

```
                    教育実践              （後）
                                           ↑
   （全国平均）                        データをとる
        │
        ↓
              比較する
```

※ 全国平均値について新しいデータが定期的に確認されており，標準化された尺度で比較することが重要。

Q-Uの実施は，教育実践後の１週間以内くらいに実施することが必要です。さらに，教育実践の取組みの内容と関連しているQ-Uの得点が全国平均値と比べて高い得点であることを根拠として，教師の教育実践や対応の有効性を考察していくこともできます。

　以下に，代表的な事例をもとに説明していきます。

Point　全国平均との比較

　ここで統計法の有意差検定を行い，学級集団の平均値と全国平均値の差が意味のある差であることを述べるのがベストです。ただし，Q-Uの全国平均値は母集団が膨大ですから，その全国平均値よりも学級集団の平均値のほうが高かった場合には，統計法の有意差検定でも結果的に有意になることが多いのです（有意差検定・P136参照）。

(1) 小学校○年Ａ組で良好な学級集団づくりに成果を上げた事例

問題（簡略）
近年，学級集団にまとまりがなくなってきた。

課題（簡略）
親和的で規律のある学級集団を形成する。

仮説（簡略）
学級内にルールとリレーションを確立する。

取組み方法
（省略）

結果
○学級全体の児童の得点の平均値
・「学級満足度尺度」の「承認得点」が全国平均値よりも高く，「被侵害・不適応得点」が全国平均値よりも低い。もしくは，「学級生活満足群」の出現率が全国平均値よりも高い。
・「学級とのかかわり」得点が全国平均値よりも高い。

↓↓

> 学級集団づくりの成果があったこと＋取組みが有効であったことが，Q-Uの結果から立証された。

考察
（省略）

(2) 小学校○年B組で児童の人間関係づくりに成果を上げた事例
―― 通常学級での特別支援教育推進の取組み ――

問題（簡略）
特別支援の必要な児童の個別対応に追われ、学級全体が荒れ始めてしまった。

課題（簡略）
個別指導と集団指導を統合し、まとまりのある学級集団を形成する。

仮説（簡略）
集団指導のなかに個別指導を適切に位置づけ、すべての児童の承認感を高め、人間関係づくりをする。

取組み方法
（省略）

結果
○学級全体の児童の得点の平均値
- 「学級満足度尺度」の「承認得点」が全国平均値よりも高く、「被侵害・不適応得点」が全国平均値よりも低い。
- 「学校生活意欲尺度」の「友人関係」と「学級とのかかわり」の得点が、全国平均値よりも高い。

○特別支援の必要な児童の得点
- 「学級満足度尺度」の「承認得点」が全国平均値よりも高く、「被侵害・不適応得点」が全国平均値よりも低い。
- 「学校生活意欲尺度」の「友人関係」と「学級とのかかわり」の得点が、全国平均値よりも高い。

※「友人関係」得点のみでもOKですが、同時に「学級とのかかわり」得点も高いということは、人間関係が良好に形成され、その輪が学級全体に広がっていることを示すので、より確実な成果といえます。学級の他の児童たちとのかかわりを通した相互の学び合いが、通常学級

での特別支援教育推進のテーマだからです。また,「学級とのかかわり」得点が高いということは,小学校の場合には教師との関係も良好なことを示すので,教師の対応がすべての児童に行きわたっていたと考えられます。

↓↓

> 人間関係づくりの成果があったこと＋取組みが有効であったことが,Q-Uの結果から立証された

考察
(省略)

Point 特別支援教育について

通常学級での特別支援教育の推進において,次の点が重要です。
個別対応で,特別支援の必要な児童だけが良好な状態になるのではなく,特別支援の必要な児童も含めた学級のすべての児童が良好な状態になり,関係性が形成されることが最終目的になります。そのような状態にすることが,通常学級での特別支援教育の推進の真の目的です。教師はどうしても特別支援が必要な児童に注意がいきがちになり,他の児童への支援が低下する傾向があるので、注意したいものです。

(3) 中学校○学年で学力問題に成果を上げた事例
—— Q-U を 1 回実施するシンプルな展開モデル＋ one

本事例では，Q-U の結果以外にも他の客観的な指標として，標準学力テストの得点を用いて効果検証を行っています。

問題（簡略）
生徒たちに学習意欲が乏しく，学力も停滞気味である。

課題（簡略）
生徒一人一人の学力を向上させる。

仮説（簡略）
生徒一人一人の学習意欲の向上を支援する。

取組み方法
（省略）

結果
○学年全体の生徒たちの得点の平均値
・「学校生活意欲尺度」の「学習意欲」得点が，全国平均値よりも高い。
・標準学力テストなどの得点が，全国平均値よりも高い。

↓↓

　成果があったこと（標準学力テストなどの得点）＋確かな学力の定着の取組みが有効であったこと（Q-U の学習意欲の得点）が立証された。

考察（簡略）
教師たちの教育実践が有効（Q-U の学習意欲の得点）で，生徒たちの学習意欲が確保され（Q-U の学習意欲の得点），その結果，生徒たちに一定の学力が定着した（標準学力テストなどの得点）と考えられる。

2 高度な展開モデル／比較検討：実験群と統制群

　教師たちが特別な対応をしたから効果が出たことをさらに証明するために，特別な対応をしなかった他の学級や学校の変化と比べる方法があります。このような比較によって，「特別な対応をしてもしなくても，実は同じような成果が出るのではないか」という反論に応えることができます。

　ただし，現実にはまったく同じ条件の学校・学級が2つ存在していることはありえません。そこで，似たような状況の学級・学校を選んで比較することになります。

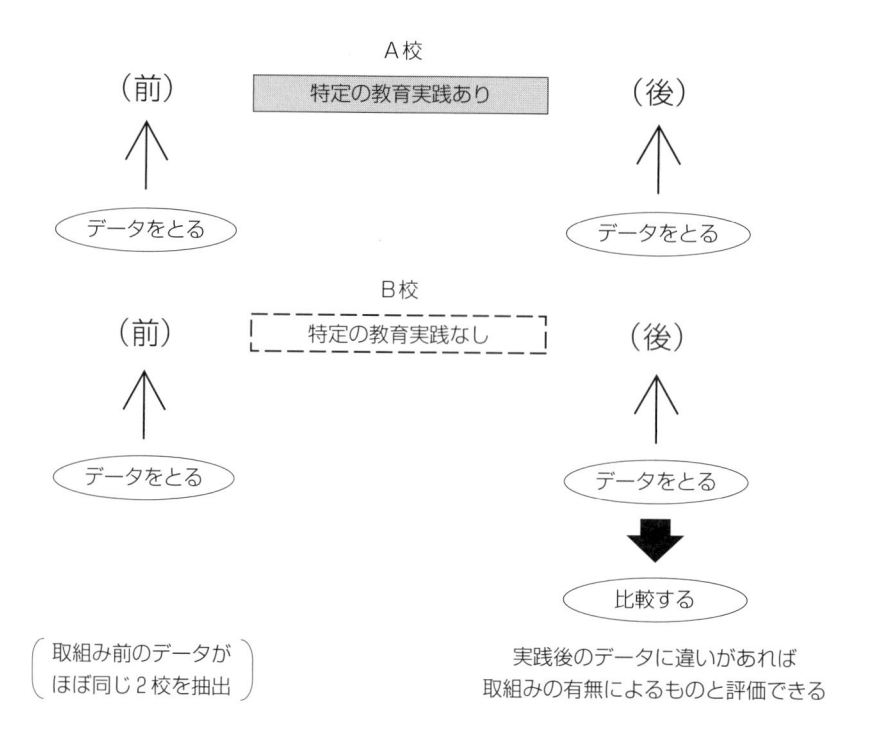

```
                    A校
（前）        ┌─────────────┐        （後）
              │ 特定の教育実践あり │
  ↑           └─────────────┘          ↑
┌─────────┐                        ┌─────────┐
│データをとる│                        │データをとる│
└─────────┘                        └─────────┘

                    B校
（前）        ┌ ─ ─ ─ ─ ─ ─ ─┐        （後）
              │ 特定の教育実践なし │
  ↑           └ ─ ─ ─ ─ ─ ─ ─┘          ↑
┌─────────┐                        ┌─────────┐
│データをとる│                        │データをとる│
└─────────┘                        └─────────┘
                                         ↓
                                    ┌─────────┐
                                    │ 比較する │
                                    └─────────┘
```

(取組み前のデータが
　ほぼ同じ2校を抽出)

実践後のデータに違いがあれば
取組みの有無によるものと評価できる

P32の不登校の例で説明すると次のようになります。
　全国の中学校の不登校生徒の発生率は0.029人（平成20年度文部科学省報告）です。同じＣ市内にあるＡ中学校（発生率0.060人）とＢ中学校（発生率0.059人）は，生徒数も同じくらいで少し荒れた雰囲気があり，両校とも不登校生徒の発生率は全国平均の約２倍近くになっています。
　Ｃ市の教育委員会では不登校対策の方針を定め，市内の小中学校にその対応の実施を求め，両校ともその対策を数年間続けてきました。しかしある年，Ａ中学校は独自の対策をプラスして実践を行いました（実験群）。いっぽうＢ中学校では，例年通り，Ｃ市の教育委員会の対策をそのまま実践（統制群）しました。Ａ中学校では，学校独自の取組みの有効性をまとめて，その方法を発信したいのですが，どのようにまとめるとよいでしょうか。

問題
（省略）
課題
　全国平均の約２倍に近い不登校の発生率を低下させる。
仮説
　全生徒の学校や学級生活の満足感を高めることにより，不登校にいたる生徒の発生率を低下させることができるだろう。
取組み方法（簡略）
①すべての生徒の承認感を高める支援を授業・活動に取り入れる
・生徒の地道ながんばりを認める言葉がけを教師が意識して行う。
・生徒同士の認め合いの場を帰りのホームルームに取り入れる。
※５月上旬に実施したＱ-Ｕの結果から，不満足群，承認得点が全国平均よりも低かった生徒には教師は特に意識して行う。
②学級生活の５つのルールを生徒たちで決め，みんなで守るように全教師で支援する

・ルール違反があれば，叱責ではなく，個別にどのようにすれば守れるかを話し合う。

結果

A中学校

取組み前 → 学校独自の取組みあり → 取組み後

23人 ……………… 30日以上の欠席人数 ……………… 11人
0.060人 …………… 30日以上の欠席発生率 …………… 0.021人

B中学校

取組み前 → 学校独自の取組みなし → 取組み後

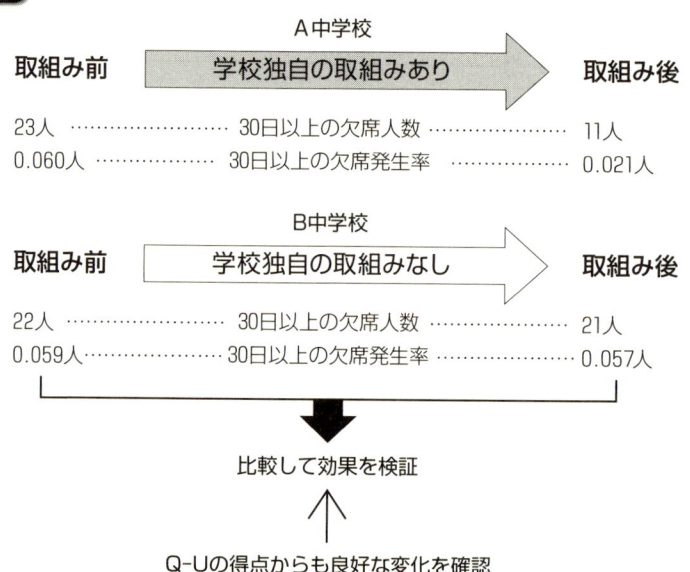

22人 ……………… 30日以上の欠席人数 ……………… 21人
0.059人 …………… 30日以上の欠席発生率 …………… 0.057人

↓
比較して効果を検証
↑
Q-Uの得点からも良好な変化を確認

・以下において，A中学校の伸びがB中学校の伸びを上回っていた。
・「承認得点」の上昇，「被侵害得点」の低下。
・「友人関係」「教師との関係」「学級とのかかわり」で得点が上昇。

↓↓

A中学校の取組みの成果があったこと（不登校発生率：A中学校＜B中学校）＋A中学校の教師たちの独自の取組みが有効であったこと（Q-Uの得点の良好な変化：A中学校＞B中学校）が立証された。

考察

・C市の教育委員会の対策は同じであったが，さらに独自の取組みがあったので，A中学校の不登校発生率は低下したと考えられる。
・A中学校の独自の取組みは，不登校対策に有効である，ということができる。

第4章

実際の学校現場の実践論文に学ぶ

　本章では，Q-U を活用して実証的にまとめられた研究紀要や教育実践論文から，さらにエッセンスを抽出し，これから取り組もうとしている先生方のモデルになるように，教育実践研究論文として整理・アレンジを行いました。また，現在，教育現場で問題となっているテーマを中心に取り上げました。

　紹介する事例は，どれも地道な教育実践を行い，かつ，その成果を第三者にも納得できるようにまとめられたものです。目新しい大きな取組みではありませんが，だからこそ，他の教師にとってもモデルにしやすいと思います。

　なお，児童生徒，学校や先生方のプライバシーに最大限配慮した結果，事例の内容には一部アレンジを加えました。ご理解ください。

※本章のグラフなどに出てくる「*」は，統計的な有意差を表すマークです。詳しい意味については，第5章（P135）をご覧ください。
※本章の Q-U のプロット図では，同じ座標位置に複数の子どもがいる場合，重ねて一つの記号で示されています。ご了承ください。

1 個別学級の取組み

(1) 小学校1年生の学級づくり

> 【キーワード】
> 小1プロブレム，外国籍の児童，自己中心的な言動が目立つ児童

　小学校に入学したばかりの児童が落ち着いて学校生活を送れないという「小1プロブレム」の問題が全国に広がっています。「小1プロブレム」の問題の背景には，幼児期の発達の未達成の問題が考えられます。

　幼児期前期の自己主張の盛んな「第一次反抗期」を経て，子どもは自己主張をして自分の意思や願望を通すことを学習します。そして，幼児期後期くらいから幼稚園・保育園などでの生活を通して，徐々に友達への配慮や連帯意識が生まれてきて，自分の行動をコントロールする自己制御の力がこの時期に顕著に発達してくるのです。しかし，この発達は個人差がとても大きいため，児童の問題行動の背景には，自己制御の力の不足があるなかで自己主張を盛んに行っているというアンバランスさがあることが考えられます。

　「小1プロブレム」の問題に対しては，1学級の児童数を20人前後にする，ティームティーチングのための教師を配置するなど，全国的にさまざまな取組みが行われています。

　今回取り上げた2つの事例は，小学校1年生の学級の事例です。

Study 1 友達と仲よく交流できる居心地のよい学級づくり
―― SST を取り入れた学級活動を通して

問題
　本学級は，幼稚園や保育園から一緒の，いつも決まった仲よしグループで固まって活動している児童たちが多く，学級活動に対して意欲的に取り組み，友人関係も良好であった。しかし，外国籍の児童や自己中心的な言動が目立つ児童などと，学級全体での活動場面ではトラブルが発生してしまっている状況であった。

課題
　学級全体ですべての児童たちが仲よく活動できる人間関係を形成する。

仮説
　学級生活を送るうえで必要とされるソーシャルスキルの学習を行い，活用を促進することができれば，児童の学級生活満足度は向上するという実証的な知見がある。そこで，本学級の実態に即したソーシャルスキルトレーニング（SST）を計画的に実践する。これにより，学級内のトラブルは減少し，児童には学級が居心地よく安心できる場であると感じられるだろう。

取組み方法
　本学級において必要と考えられる SST を，日々の学級経営の中に取り入れた年間計画を立案した。具体的には，1 学期では集団生活を送るうえでのルールに関連したスキルを，2 学期は 1 学期の取組みを活用したうえで，児童同士が良好な関係を形成するために必要と考えられるスキルをそれぞれ選定し，朝の会・帰りの会や学級活動の時間などを活用して段階的に行った。
　実践計画は次ページに示すとおりである。
○ SST を実施するうえで留意したこと
・1 学期における SST では，ゲーム性を高くすることで児童の緊張感

や抵抗感の緩和，モデリング，ロールプレイ，そして，1日の振り返りなどを活用し実践を行った。
- 2学期においては，SSTを行う際のグループの人数を増やし，また5月，10月のhyper-QUの結果を受けて，実践計画を見直し，SSTの内容を変更して行った。
- 1～2学期を通して，SSTで取り組んだスキルを活用できていた児童に対しては，教師からの承認はもとより，児童同士での認め合い活動も積極的に取り入れて実践を行った。

表4-1-1　朝の会・帰りの会，学級活動で行ったSST

学期	ねらい	SSTのエクササイズ
1学期	・子ども一人一人と教師との信頼関係を形成する ・集団内で日常生活を送っていくうえでのルールを身につける ・集団内でみんなで活動するうえでのルールを身につける	・先生に質問 ・バンザイじゃんけん ・あいさつの仕方 ・合言葉「ろうかを歩くときは？」 ・えんぴつの持ち方 ・教室の整理整頓 ・チャイム着席ってなあに？ ・係の仕事 ・静かに注目するシーサイン ・授業中のルール
2学期	・友人とかかわり合いながら，ソーシャルスキルを身につける（配慮のスキルとかかわりのスキル） ・友人のよさを見つける	・係の仕事を紹介しよう ・おしえてあげるね。私の好きなもの ・なかま集めゲーム ・聞き名人になろう ・お話名人になろう（1分間スピーチ） ・元気が出る聞き方 ・チームワークペイント ・ルールってなんだっけ？ ・あたたかな言葉かけをしよう ・上手な断り方 ・みんなで力を合わせてジャンプ!!

結果

本実践の効果測定を行うために，5月，10月，12月にhyper-QUを実施した。

■ソーシャルスキル得点の変化
- 「配慮のスキル得点」と「かかわりのスキル得点」が，5月から12月にかけて上昇していた。
- 5月，10月，12月の得点の平均値について，統計的に得点の比較を行ったところ，「配慮のスキル得点」（12月＞5月），「かかわりのスキル得点」（12月＞5月・10月）の上昇に有意な差が認められた（図4-1-1）。

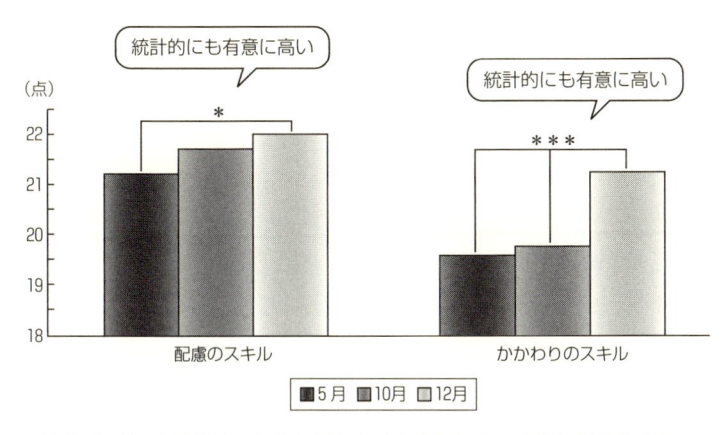

図4-1-1　「配慮のスキル」得点と「かかわりのスキル」得点の変化

■学級生活満足度4群の割合の変化
- 5月から12月にかけて，学級生活満足群に属する児童は増加し，学級生活不満足群に属する児童は減少した。
- 5月，10月，12月の学級生活満足度4群の所属割合について統計的に分析を行った結果，5月では満足度4群に有意な人数の偏りは認めら

れなかったが，10月では満足群に属する児童が有意に多く，非承認群に属する生徒は有意に少なかった。さらに12月では，満足群に属する児童が有意に多く，その他の群に属する児童は有意に少ないことが認められた（図4-1-2）。

統計的に満足群が多く，非承認群は少ない

統計的に満足群が多く，その他の群は少ない

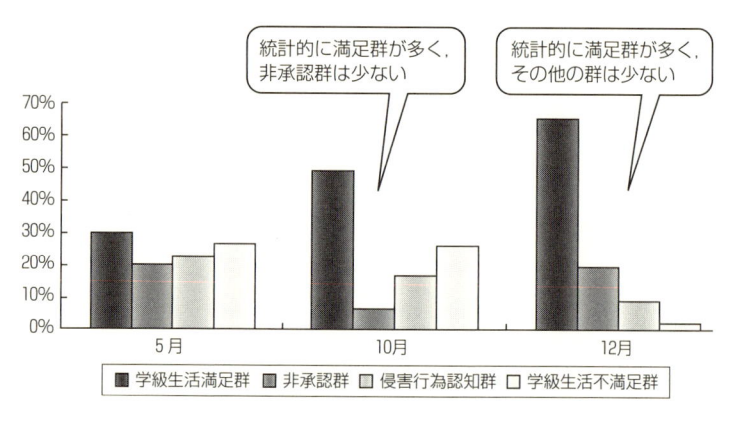

図4-1-2　4群に位置する児童の割合の変化

■学級のプロットの変化

　5月（第1回目）のhyper-QU調査では，一定数の児童はソーシャルスキルを良好に活用しているものの，学級の状態が拡散型ということから，学級内では小グループ化が進んでいると考えられた。この結果を受け，6月以降のソーシャルスキル教育計画の一部を修正し，取組みを継続した。その結果，12月（3回目）のhyper-QU調査では学級集団の状態は満足型へと移行し，さらに，ソーシャルスキルの活用も増加したことが示された（P56，図4-1-3）。

考察

　学級集団の状態，児童個々の実態を押さえ，実態に応じたターゲットスキルを計画的に定めて，毎日継続的にソーシャルスキル教育に取り組んだことでトラブルが抑えられ，児童たちの活動を通した交流が活性化

したと考えられる。それが広がりのある良好な人間関係形成につながり，「友達と仲よく交流できる，居心地のよい学級づくり」という目標に近づけた要因であると考えられる。

> ■ 河村のコメント
>
> 　実証的なデータに裏づけられた学級の実態に応じて，児童たちが交流するために必要な基本的なソーシャルスキル教育を，系統的に毎日継続して取り組んでいったことが，大きな教育実践の成果につながったと思います。
> 　本事例から学びたいポイントは次の点です。
> ○1年間を見通した学級づくりの計画のもとに，ソーシャルスキル教育を児童たちの人間関係の輪が広がるように展開した。
> ・1学期は児童の緊張感や抵抗感を緩和するために，ゲーム性を高くしてSSTを展開し，ある程度の成果が確認できた2学期においては，SSTを行う際のグループの人数やメンバーを構成して取り組むなどの工夫をした。
> ○児童たちに学習したソーシャルスキルを定着させるために，教師からの承認，児童同士の認め合いを確実に行って強化した。
> ○毎日継続して取り組むことによって，児童たちが学習したソーシャルスキルを活用して生活・活動することが習慣化された。

【5月のプロット】

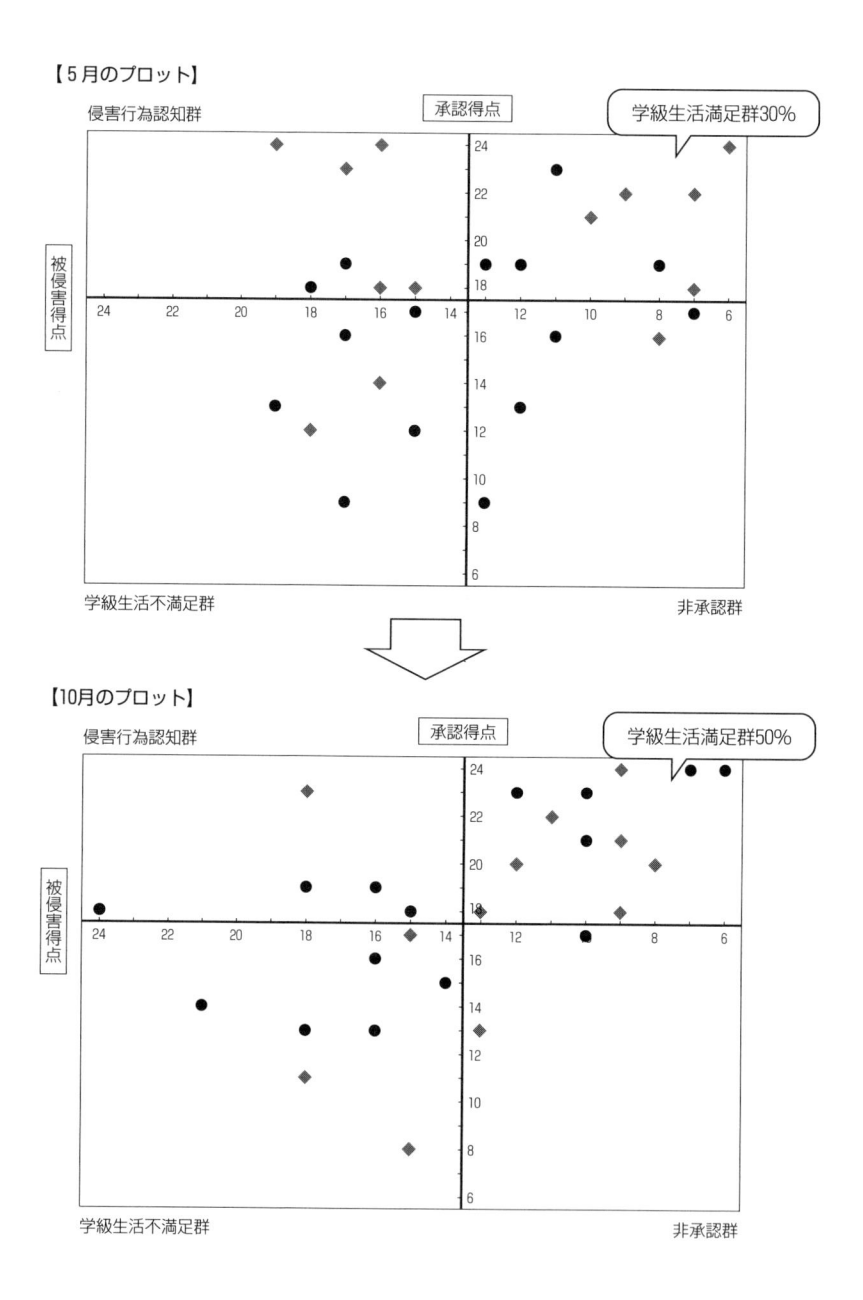

侵害行為認知群　　　　　　承認得点　　　　学級生活満足群30%

被侵害得点

学級生活不満足群　　　　　　　　　　　　非承認群

⬇

【10月のプロット】

侵害行為認知群　　　　　　承認得点　　　　学級生活満足群50%

被侵害得点

学級生活不満足群　　　　　　　　　　　　非承認群

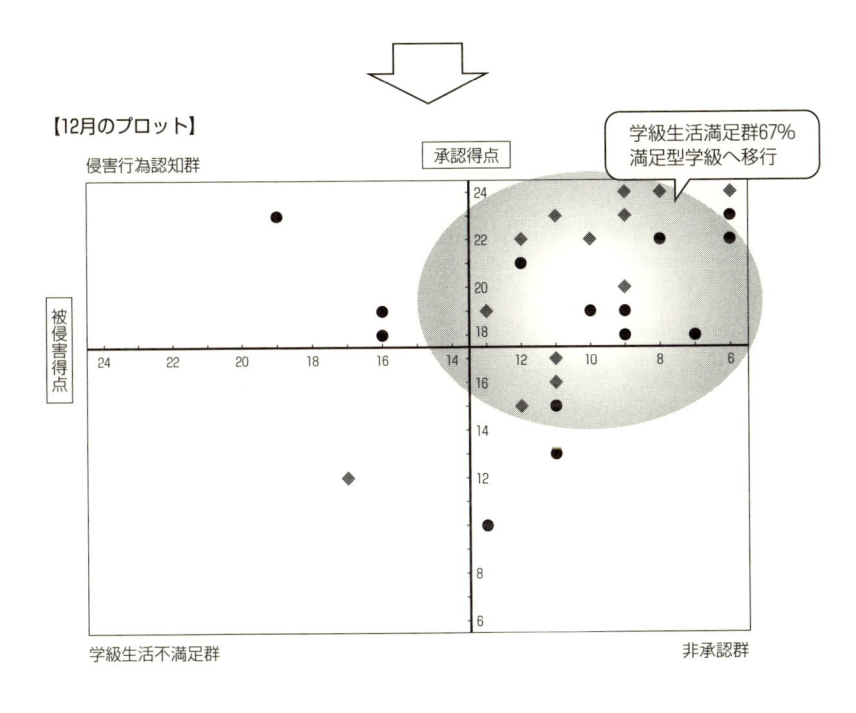

第4章　実際の学校現場の実践論文に学ぶ

【12月のプロット】

侵害行為認知群　　　承認得点　　　学級生活満足群67%
　　　　　　　　　　　　　　　　満足型学級へ移行

被侵害得点

学級生活不満足群　　　　　　　　　非承認群

図4-1-3　学級集団の状態の変化

57

Study 2 友達を思いやり，認め合える学級づくり
―― SGE を取り入れた学級活動を通して

問題
　本学級で行った友達に関する意識調査において，多くの児童が「仲のよい友達がいる」と答えていた（69%）。だが，日々の学級生活の様子を観察していると，特定の友達とのみかかわっている児童や，コミュニケーション能力の低い児童が見受けられた。そのため，児童同士の良好な人間関係は一部の固定したグループ内にとどまって，学級全体に広がっていない可能性があった。

課題
　児童同士の良好な人間関係を学級全体に広げる。

仮説
　良好な人間関係の形成を目的とした構成的グループエンカウンター（SGE）を実践することにより，児童同士の良好な人間関係が学級全体に広がるだろう。

取組み方法
　SGE の手法を，日々の学級経営の中に取り入れた年間計画を立案した（表4-2-1）。1学期ではリレーションの形成や学級内での居場所づくりを目的に，2学期では自己・他者理解を深める，さまざまな児童とグループ活動が行えることを目的に，SGE のエクササイズを選定し，朝の会・帰りの会や学級活動の時間などに行った。

○ SGE のエクササイズを実施するうえで留意したこと
・1学期前半は，学校生活が楽しいものに感じられるように，定期的に朝の会でゲーム性の高いエクササイズを行う。
・児童の不安が低下してきたことが確認された段階（1学期半ばころ）から，これまでに接する機会の少ない児童とかかわりをもてる内容のエクササイズを選定して行う。

- 2学期では1学期と同様に，ルールを守ることの大切さを感じられるように構成した，さまざまな児童と協力して取り組む内容のエクササイズを選定して行う。
- 児童同士の認め合い活動となるエクササイズは，積極的に継続する。

表4-2-1　朝の会・帰りの会，学級活動で行ったSGE

学期		児童の抱える課題	ねらい	SGEのエクササイズ
1学期	・学級内の居場所づくり・リレーション形成・学級集団の確立	4〜5月 ・入学したばかりで，学校生活への希望と不安が入り混じっている ・入学前からの友達と遊ぶことが多い	新しい友達や先生との関係づくり	・あいさつゲーム ・ジャンケン列車 ・人間コピー ・レンジでチン ・ワクワク体操
		6〜7月 ・学校生活にも慣れ，新しい友達と遊ぶことも増えてくる ・友達となじめずに孤立しがちな児童も見られる	・学級の友達と仲よく遊ぶ ・友達のことをいろいろ知る ・協力する楽しさや達成感を味わわせる	・バースデーライン ・今日のきらりさん ・ねことねずみ ・Sケン
2学期	・学級集団の確立・友達を深く知る	9月 ・活動範囲が広がってくる ・係活動など自分の与えられた役割を果たそうとする	・自分のよさ，友達のよさを見つめる ・いろいろな友達と遊ぶ	・カムオン ・何でもバスケット ・表現ダンス
		10〜12月 ・仲よしグループができ始める	・グループでの活動ができる	・デシデシジャンケン ・いいとこ四面鏡 ・四つの窓 ・カムオン ・サッカージャンケン ・パチパチカード

結果

　実践の効果測定を行うために，6月，9月，11月にQ-Uと，友達に関する意識調査を実施した。

■ Q-U のデータの変化

・6月から11月にかけて，学級生活満足群に属する児童が増加し，侵害行為認知群と学級生活不満足群に属する児童は減少した。

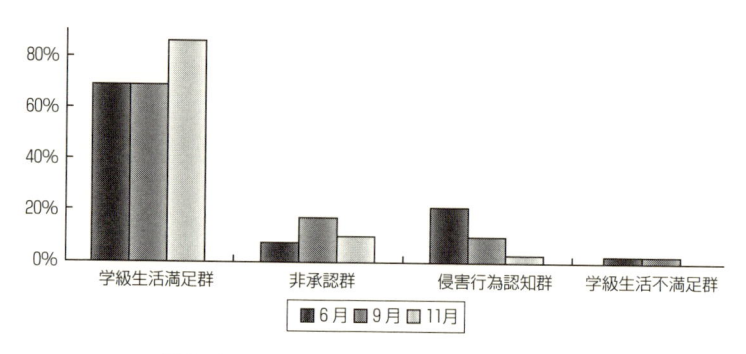

図4-2-1　4群に位置する児童の割合の変化

・「学校生活意欲尺度」のすべての得点が，6月から11月にかけて有意に上昇した（友達関係：11月＞9月＞6月，学習意欲：11月＞6月，学級の雰囲気：11月＞6月・9月）。

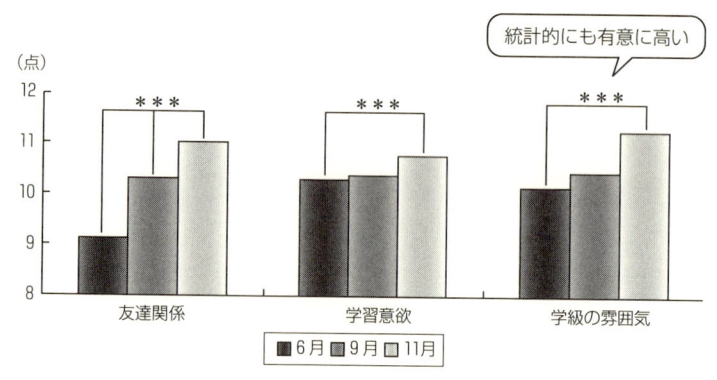

図4-2-2　学校生活意欲得点の変化

■他の客観的な指標測定データの変化
・友達に関する意識調査において,「仲のよい友達がいる」と回答した児童の割合が増加した。

仲のよい友達はいますか

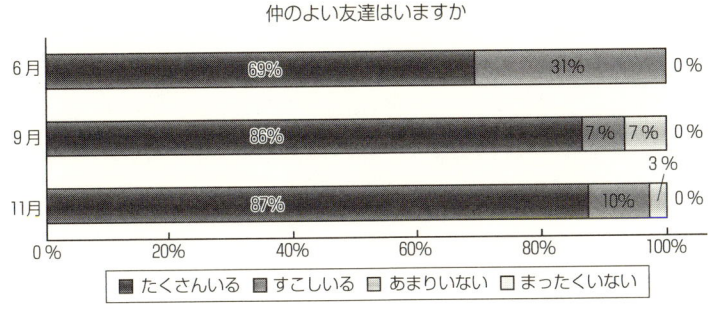

	たくさんいる	すこしいる	あまりいない	まったくいない
6月	69%	31%		0%
9月	86%	7%	7%	0%
11月	87%		10%	3% / 0%

図4-2-3 友達に関する意識調査結果の変化

■学級のプロットの変化
　6月（第1回目）のQ-U調査では，学級生活満足群に69%に属することが示された。この結果を受け，担任教師はSGEの手法を取り入れた学級経営を継続して行った。その結果，11月において学級生活満足群が86%となり，学級生活不満足群にはだれも属していなかったことが示された（P63，図4-2-4）。

▶考察
　学級集団の状態，児童個々の実態を押さえ，計画的に実態に応じたSGEのエクササイズを定めて，毎日継続的に取り組んだことで，児童たちの人間関係の交流が広がっていったと思われる。その結果，「友達を思いやり，認め合える学級づくり」という教育目標を達成できたと考えられる。

■ 河村のコメント

　実証的なデータに裏づけられた学級の実態把握をもとに，児童たちが無理なく交流できるSGEのエクササイズを取り入れ，毎日継続して取り組んでいったことが，大きな教育実践の成果につながったと思います。
　本事例から学びたいポイントは次の点です。
○1年間を見通した学級づくりの計画のもとに，児童たちの人間関係の形成が段階的に広がるように，エクササイズを選定して展開した。
・1学期は簡単なルールのもとに取り組めるゲーム性の高いエクササイズを実施し，児童たちが学校生活を楽しいものに感じられるようにし，ある程度の人間関係の形成が進んできた時点で，これまでに接する機会の少ない児童と交流できる内容のエクササイズを選定して実施した。
・2学期では，1学期と同様にさまざまな児童と，ルールを守ることの大切さを感じられるように構成した，"協力して取り組む内容"のエクササイズを選定して実施した。
○毎日継続して取り組むことによって，教師からの承認，他の児童からの承認を確実に得られるようにした。

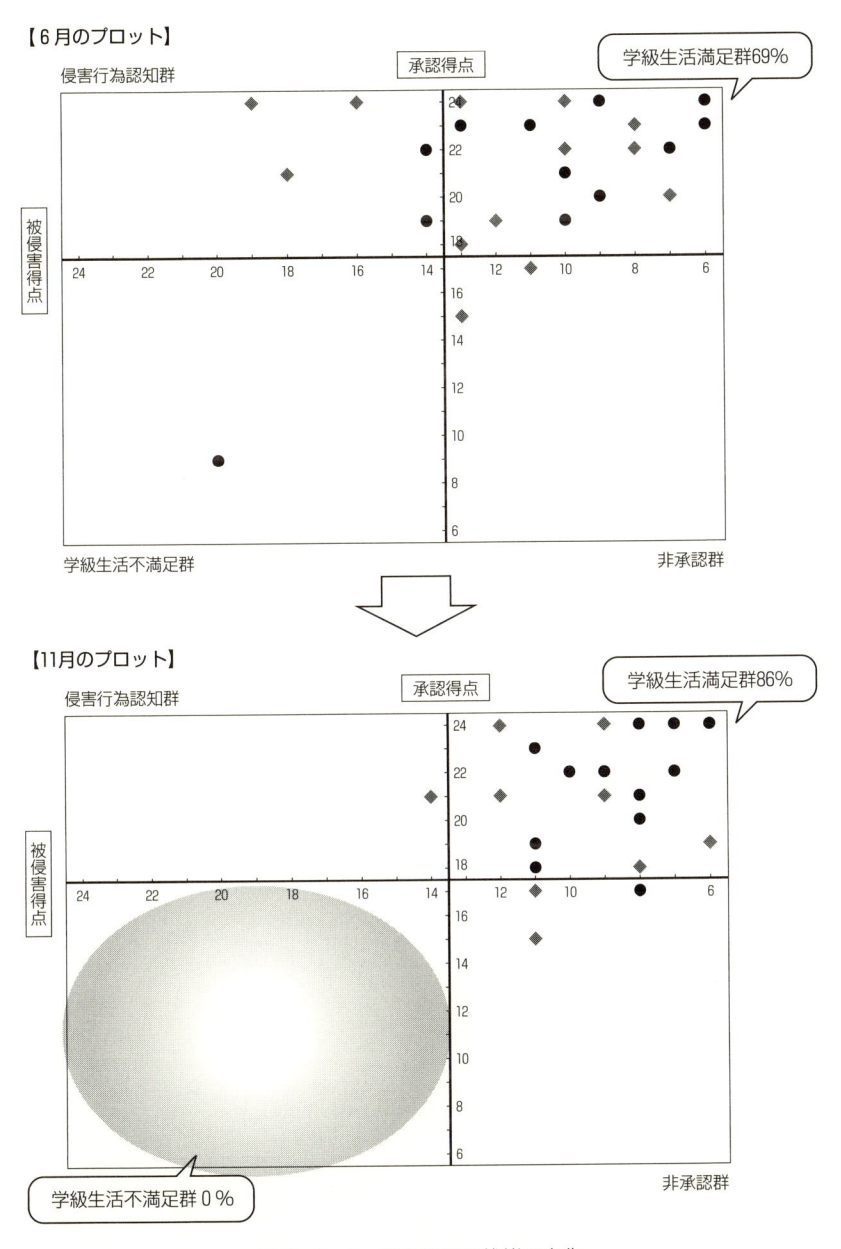

第4章　実際の学校現場の実践論文に学ぶ

【6月のプロット】

【11月のプロット】

図4-2-4　学級集団の状態の変化

> **Point** 1年生の学級づくりのポイント

　Study1とStudy2の2つの事例の取組みとデータから，小学校1年生の学級集団づくりのポイントとして次のことが参考になります。

①**教師が児童一人一人に対して親和的な関係を形成する**

　小学校の場合，児童と教師との関係の良好さはQ-Uの「学級とのかかわり得点」の高さに表れます。先生＝学級というイメージは，特に低学年にその傾向が強いのです。両学級とも6月の時点ですでにこの得点が全国平均よりも高くなっており，個別対応を適切に行ったことがうかがわれます。

　その教師との関係性を前提に，次の対応が示唆されます。

②**「子どもたちに集団生活・活動のルールを身につけさせる取組み」＋「周りから認められる（リレーション形成）の取組み」を毎日少しずつ継続的に実施する**

　大事な点は，ルールを身につけさせる取組みが楽しく，かつ，その行動をとったことが周りからタイムリーに認められることです。

　事例の2人の先生は，1人はソーシャルスキルトレーニングというルール形成に注目して，もう1人は構成的グループエンカウンターのエクササイズを活用したリレーション形成に注目しています。しかし，2人とも他の要素をその取組みに並行させてしっかり実施しています。つまり，切り口はどちらか一方ですが，実はルールとリレーションの形成を促進する取組みを確実に実施していたのです。

　そして，さすがと思われるのは，次の展開です。

　みんなで楽しく生活するための約束＝ルールを確認して，そのルールのもとで楽しい取組みをし，その活動の中でよかった点（ルールを守れたことも含む）をみんなで認め合う，という展開を集団で行っていたのです。

　無理のない形で学級のルールを児童たちに共有させ，身につけさせて

いくと同時に，認め合う関係も形成していったのです。そして，集団活動の内容と児童のメンバー構成も，学級と児童個々の実態に応じて，適切に構成したわけです。
　適切に構成できたのは，次の2点ができていたからです。
・学級集団づくりの年間の見通しをもっていた。
・学級集団の状態と児童個々の実態の把握ができていた。

　以上の①②を通して，2人の先生はむずかしい小学校1年生の学級を，親和的でまとまりのある学級集団に育成していったのだと思います。

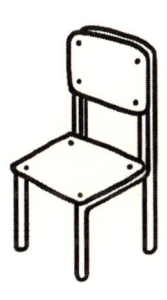

(2) 前年度荒れてしまった学級の学級づくり

> 【キーワード】
> 単学級，特別支援の必要な児童，前年度の荒れ，チーム支援

　都市部から地方の農村地区まで，また小学校1年生から中学校3年生まで，学級崩壊の問題はいまや日本全国どの地区でも起こりうる問題となってきました。いじめや不登校の温床となり，義務教育の主たる目的でもある基礎学力の定着を妨げる学級崩壊の問題は，その学級にかかわる子どもたちはもちろん，担任教師をも傷つける問題となっています。

　学級崩壊を経験した子どもは，集団生活の中で安心して生活するためのルールについて知識や学習が不足し，日々不安を抱えながら学校生活を送っているために，集団内で安心して生活できるという実感が欠如している状態であると考えられます。このような子どもには，「ルールを守って生活したら集団生活が安心して楽しめる場となった」という体験を新たに重ねさせることが大切になると考えられます。

　ここでは，前年度に学級崩壊に近い状態にあった学級を，1年で立て直した事例を取り上げます。

Study 3　ギスギスした学級集団から安心して生活できる学級集団へ
――楽しい活動を通してルールを守ることの大切さを学ぶ取組み

問題
　小学校４年生の本学級では，３年次に一部の児童が担任教師を呼び捨てにしたり，楽なほうに流れようとする言動をしがちで，そのような行動に同調する児童も多かった。また，保護者からのクレームも絶えなかった。数名の個別支援が必要な児童と特別支援学級との交流学習をしている児童への支援も必要で，反抗的な態度の児童に対して学校全体が対応に苦慮していた。

課題
　学級全体のすべての児童が安心して楽しく生活できるためのルールを形成する。

仮説
　集団生活を送るうえで最低限必要なルールを学習，定着させることができれば，児童の学級での不安が減少し良好な対人関係形成の土台となるという実証的な知見がある。これを本学級の状態に合わせ，さまざまな活動の中にルール学習を位置づけた実践を行うことによって，児童の不安が軽減し，学級が安心して過ごせる場であると感じられるだろう。

取組み方法
　前年度の学級集団の状態を分析し，本学級において定着していないルールを洗い出し，集団活動のあらゆる場面で学習させる機会を設定した。具体的には，年度当初は身についていないルールの学習，遊びなどの中にルールを守る体験を取り入れた。１学期半ばから２学期には，年度当初に定着させたルールを基盤として，児童同士の人間関係形成に段階的に移行していった。
　実践計画は次ページに示すとおりである。

表4-3-1　ルール学習のねらいと指導場面

時期	ねらい	具体的な取り組み内容
年度当初	・集団内で日常生活を送っていくうえでのルールを身につける ・集団内でみんなで活動するうえでのルールを身につける ・児童と教師とのリレーション形成	・朝の会，帰りの会のやり方を教える ・帰りの会で，その日してもらってうれしかったことの発表をする ・体育の授業での集合の仕方を教える ・休み時間に学級全員で遊ぶ ・授業，遊びのなかで「仲間が嫌がることを言わない，しない」というルールを徹底する
1学期	・学級全体の仲間意識を形成する	・学級の歌をつくり毎日みんなで歌う ・活動の際にクラスの目標を立てて取り組む 【例】 ・跳び箱で学級全員が跳べるようにしようと目標を立て，達成したら，全員で自分たちに拍手する ・学級全体のテストの平均点を上げていこうと目標を立て，学習への意識を高める
2学期	・仲間意識の形成の継続	・1学期の対応を継続

○ルール定着を図るうえで留意したこと

・できないことを叱責するのではなく，やり方を一から教え，様子を見ながら，担任はわざと距離をとり，子どもが自分たちでできるように仕向けた。
・全員での遊びには担任も参加し，教師と児童の信頼関係を築いた。
・特に，個別の配慮を必要とする児童には意図的にかかわり，担任に対する親近感をもたせながらルールを教えた。
・最低限これだけは守ってほしいルールを限定し，意識させた。守れたときは賞賛を続けた。

結果

本実践の効果測定を行うために，5月，10月にQ-Uを実施した。

■ Q-U のデータの変化

- 「学級生活満足度尺度」の「承認得点」が，5月から10月にかけて上昇し，「被侵害得点」は5月から10月にかけて低下していた。
- 5月，10月の得点について，統計的に比較を行ったところ，「承認得点」の上昇（10月＞5月），「被侵害得点」の低下（5月＞10月）に有意な差が認められた。

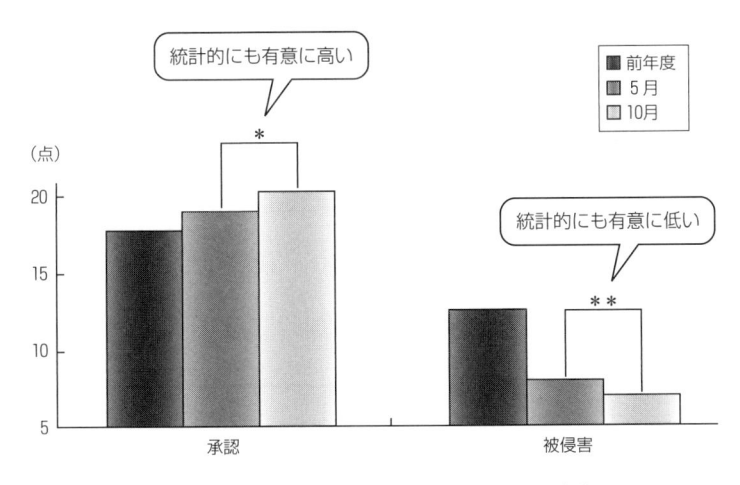

図4-3-1 「承認得点」と「被侵害得点」の変化

- 「学校生活意欲尺度」の「学習意欲得点」と「学級の雰囲気得点」が，5月から10月にかけて上昇していた。
- 5月，10月の得点について，統計的に比較を行ったところ，「学習意欲得点」（10月＞5月），「学級の雰囲気得点」（10月＞5月）の上昇に有意な差が認められた。

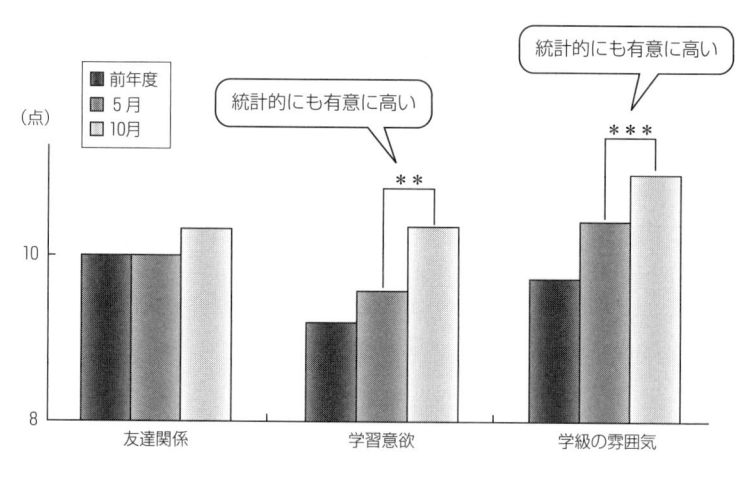

図4-3-2　学校生活意欲尺度の得点の変化

■学級のプロットの変化

　3年生のときの調査では,「承認得点」「被侵害得点」ともに階層化がみられ,学級のタイプとしては管理型に近いものの,トラブルが起き,被侵害感が高まっている児童が増加していることが考えられた。この結果を受け,年度当初から集団活動を行ううえでの最低限のルールを定着させる取組みを行ったことで,学級の被侵害感に低下が認められた。さらに,学級の状態の変化に合わせて,学級で一体感を感じられるような取組みに移行したことで,10月には,承認感の上昇,学習意欲,学級活動に対する意欲が高まったことが示された。
　また,3年生のときに個別の配慮を必要とした児童については,特別支援教室との交流学習を行っていた。
　児童は図4-3-3（P72）のように変化し,すべての児童が学級生活満足群に移行していた。

考察

　前年度の学級集団の状態も含めて児童の実態を把握し，年度当初に学級生活を安心して楽しく過ごすための最低限のルールを設定し，授業や遊びといった日常の取組みのなかで継続してルールを守ることを意識させたことで，児童たちにルールが定着したと考えられる。さらに定着したルールを基盤として，児童同士の人間関係形成を行ったことで，良好な人間関係が形成され，「学級全体のすべての児童が安心して楽しく生活できるためのルールを形成する」という目標に近づけたと考えられる。

■ 河村のコメント

　実証的なデータに裏づけられた学級の状態把握に応じて，児童が安心して学級生活を送るために必要な最低限のルールを守る体験を，学校生活のさまざまな場面に溶け込ませ，一貫して取り組んでいったことが，教育実践の成果につながったと思います。

　小学校3年生という時期の児童の発達段階では，仲間との一体感を伴うようなかかわりを求める「ギャング・エイジ」という対人関係が特徴的です。本実践においては，ルールの定着を図った後に，児童同士の人間関係を形成する工夫として，学級の仲間意識を高める取組みを行いました。その結果，児童たちの人間関係への欲求が満たされ，学習面や行事面でもみんなで一緒に取り組もうという意欲の喚起につながったことが考えられます。

【3年生のプロット】

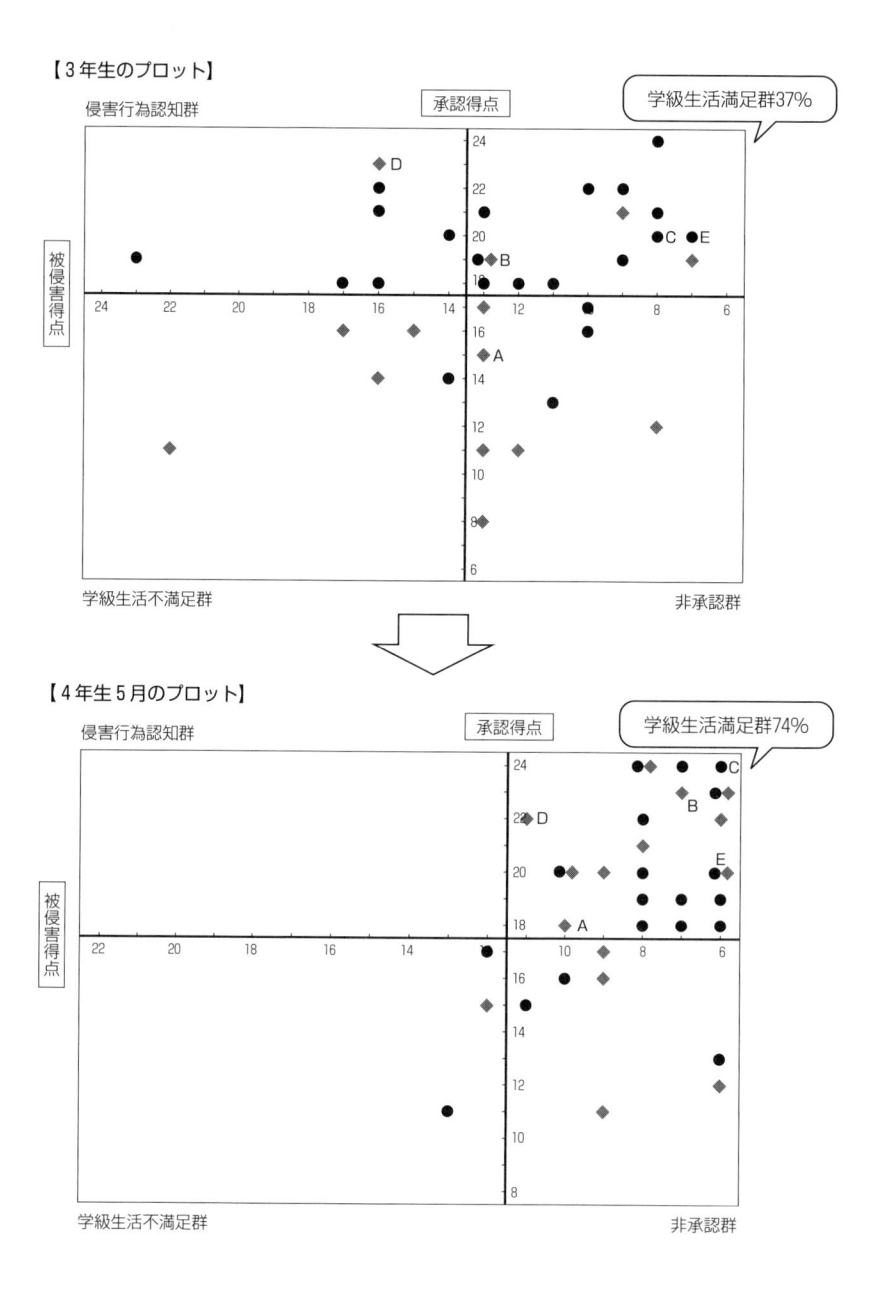

侵害行為認知群　　　　　　　承認得点　　　学級生活満足群37%

被侵害得点

学級生活不満足群　　　　　　　　　　　　　非承認群

⬇

【4年生5月のプロット】

侵害行為認知群　　　　　　　承認得点　　　学級生活満足群74%

被侵害得点

学級生活不満足群　　　　　　　　　　　　　非承認群

第4章　実際の学校現場の実践論文に学ぶ

【4年生10月のプロット】

侵害行為認知群

承認得点

学級生活満足群92%

被侵害得点

学級生活不満足群

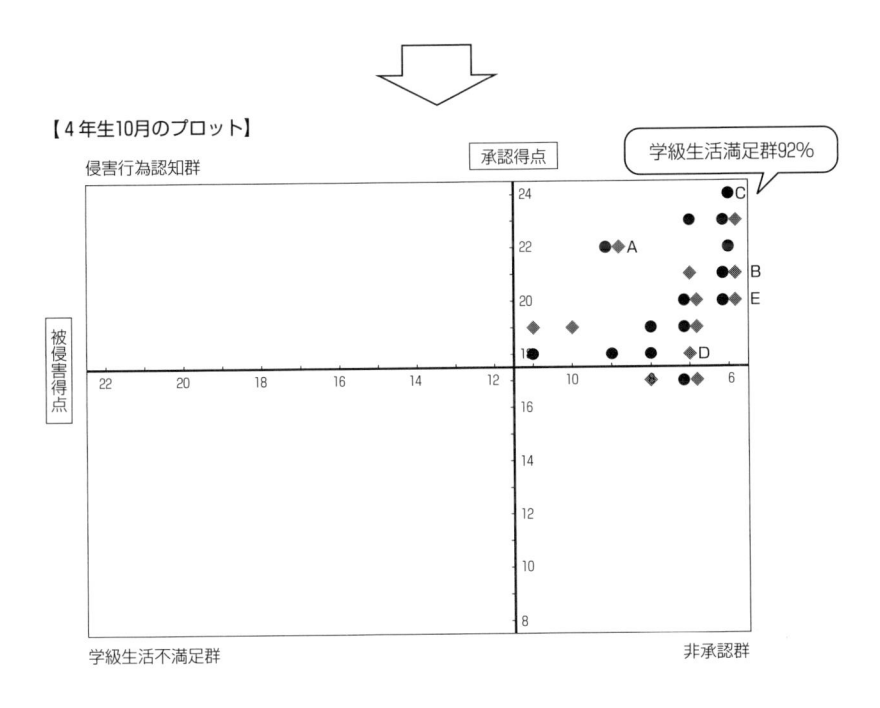

非承認群

図4-3-3　3学級集団の状態の変化

Study 4　前年度荒れてしまった単学級の学級づくり
　　　　　──通常学級における特別支援教育に関する実践

　「単学級」とは1学年の児童生徒数が40人以下で，学年1クラスしか学級編成ができない，学級編成がえのない状態の学級です。ほとんどの場合，幼稚園や保育園から小学校まで，ずっと同じ顔ぶれのクラスという状態です。
　「単学級」の問題はどの地方にも存在しており，学級編成がえがないため，一度形成された子どもたちの人間関係やヒエラルキーが固定化し，状態が悪くなると改善がむずかしくなります。学級のメンバーがずっと一緒ということで，家族的な雰囲気が生まれることもありますが，どうしても毎日の生活がマンネリ化しやすいのです。

問題
　本事例の学校は，四季折々の景観に恵まれた自然豊かな地域にある。児童は，宿場町の面影を残す古くからの地区と，新たに開発された新興住宅地から通学しており，保護者の価値観も多様化しつつある。本事例の小学校では，特別支援の対象となる児童数が多く，それらの児童に関するケース会議が行われていた。しかし，対象となる児童数が多く，対応も遅れてしまっているという実態があった。
　単学級である本事例の学級は，3年生のとき荒れた状態が目につき，11月に行ったQ-U調査では，半数以上の児童が学級生活不満足群に属している状態であった。
　4年生になって現担任になったが，学級集団は荒れた状態のままであった。特別支援の必要な児童も複数いた。

課題
　特別支援の必要な児童の個別対応を進めながら，学級集団の状態を正常化する。

第4章　実際の学校現場の実践論文に学ぶ

仮説

　良好な状態の学級集団を育成することにより，特別支援を必要とする児童の学級満足度は向上するであろう。さらに，この取組みは，その他の児童の学級満足度の向上にも寄与するであろう。この仮説は，ケース会議を重ねるなかで，騒がしい学級では，特別支援が必要な児童の状態も悪化してしまう，また反対に学級集団の状態が良好に変わったら，特別支援の必要な児童の状態も落ち着いた，との報告が多くなされたことから立てられた。そのため，学級集団の状態を良好にすることは，特別支援を必要とする児童への援助のみならず，その他の児童にとってもプラスになるのではないかとの問題意識をもったのである。

取組み方法

　全校で定期的にQ-Uを実施することで学級集団の状態を把握し，その結果に基づき良好な学級集団の育成を目的とした対応を行った。また，特別支援を必要とする児童への対応はもとより，その他の児童への対応についても全教職員で共通認識をしたうえで，学校組織全体としても対応を行った。

　あわせて，特別支援を必要とする児童のニーズを把握するために，発達障害の傾向をアセスメントするチェックリストを行った。そして，これらの情報をすべての教師で共有し，対応方法も共通理解していった。

　共有した対応方法は，次のとおりである。

① Q-U調査の結果で，要支援群に位置した児童については，すべての教師が顔と名前を把握し，声かけを学年・学級を越えて行った。
② ある学年でルールの逸脱行動が見られた場合，その指導を学校全体で同じタイミングで行った。
③ Q-U調査実施後2週間以内に相談期間を設け，各学級担任は全児童と個別面接を行った。この際に，Q-Uの結果（被侵害得点の項目に3～4点，各意欲得点の合計点が6点以下）から，学校生活でのつらい思いを聞き取った。さらに，その児童のがんばっていることやいい

75

ところを見つけておき，本人に伝えるようにした。
④特別支援を必要とする児童に個別対応している間，他の児童たちへの対応として，学習を保障するための学習プリントなどを準備した。
⑤特別支援に対する不満などへの対応として，「ありがとう」「がんばっているね」「手伝ってくれて嬉しいな」など，その他の児童を認める声かけを意識的に行った。
⑥教師との交換日記や，児童との雑談時間を休み時間や放課後などに確保した。

結果

実践の効果測定を行うために，3年次の11月と，4年次の6月と11月にQ-U調査を実施した。

■全体の平均値の変化
・「学級生活満足度尺度」の承認感は，前年11月と比較して本年6月と11月のほうが統計的に有意に得点が上昇した（本年6月，11月＞前年11月）。また，被侵害感では，前年11月と比較して本年6月と11月のほうが統計的に有意に得点が減少した（前年11月＞本年6月，11月）。

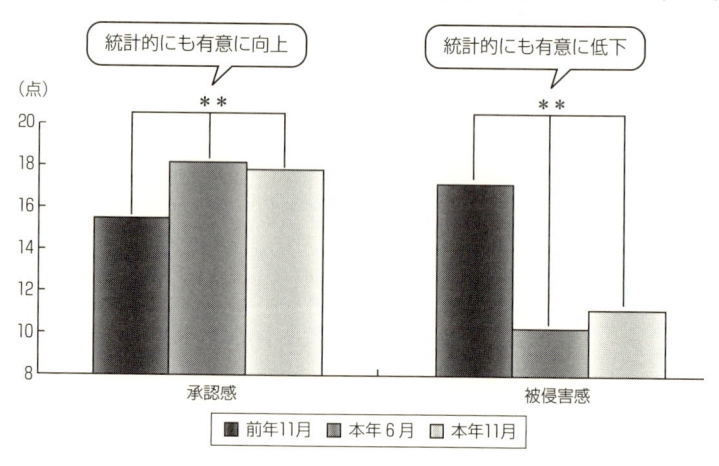

図4-4-1　学級満足度尺度得点の変化

第4章　実際の学校現場の実践論文に学ぶ

- 「学校生活意欲尺度」の全得点が，前年11月から本年11月にかけて有意に上昇した（友人との関係：本年6月・11月＞前年11月，学習意欲：本年6月＞前年11月，学級の雰囲気：本年6月・11月＞前年11月）。

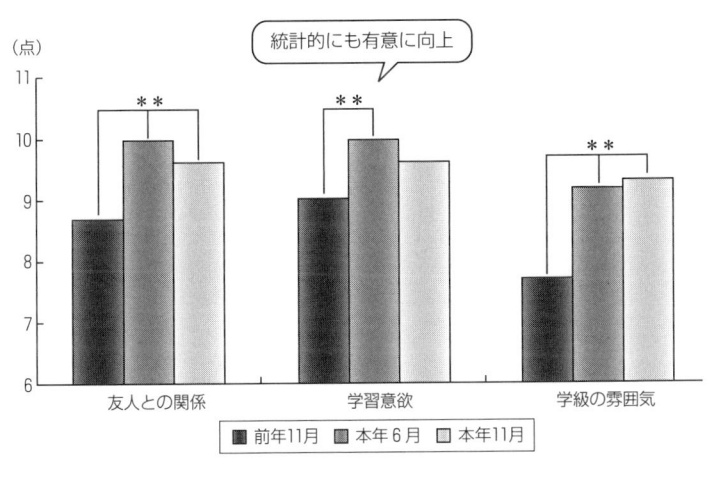

統計的にも有意に向上

図4-4-2　学校生活意欲得点の変化

■特別支援の必要な児童の結果

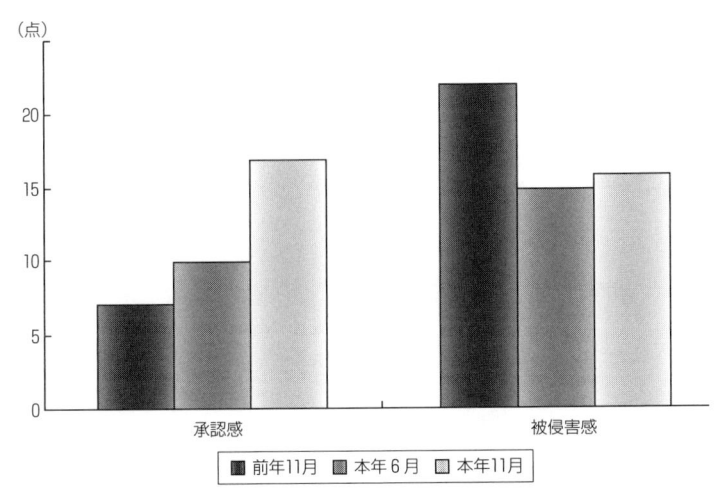

図4-4-3　A児の学級満足度尺度得点の変化

77

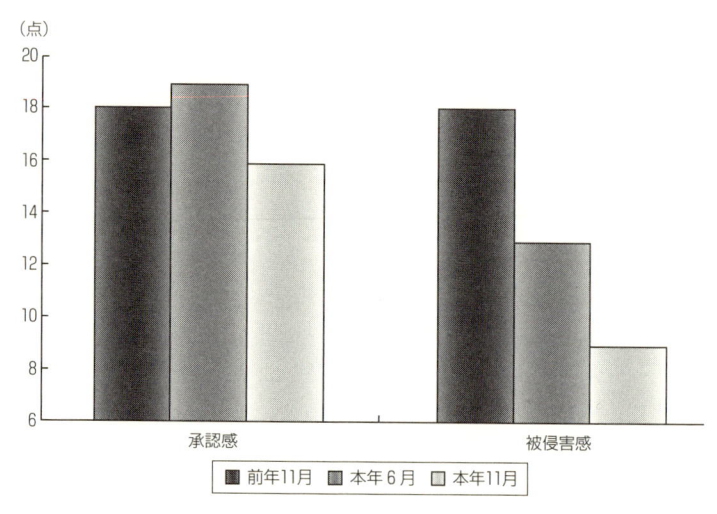

図4-4-4　B児の学級満足度尺度得点の変化

■学級のプロットの変化

　3年生の11月の第1回目のQ-U調査では，半数以上の児童が学級生活不満足群に属していたが，4年生の6月，11月のQ-U調査の結果では，学級生活満足群に半数以上の児童が属し，さらに，特別支援を必要とする児童の学級満足度も向上したことが示された。具体的なプロットの変化は図4-4-5（P80）に記した。

考察

　学級の学級集団の状態，児童個々の実態を押さえ，計画的に実態に応じて児童個々の個別対応と集団対応を行った結果，すべての児童の承認感が高まり，かつ児童間のトラブルも減少し（被侵害得点も有意に減少した），結果として学級集団も落ち着いてきて，特別支援の必要な児童も安定した学級生活を送れるようになったと考えられる。またその背景には，学校組織全体としての取組みがあったと考えられる。

■ 河村のコメント

　単学級の小学校で，校内のすべての教師が全学年・学級の学級集団の状態，児童個々の実態を押さえ，足並みを揃えて基本的な対応を行ったことで，大きな教育実践の成果につながったと思います。強調したい点は，足並みの揃った組織。学校全体の教育実践をすべての教師の組織体制で共通認識をもち，基本的な対応はすべての教師が同じ方向で対応するという方法論を共有化している点です。教師の数が少ない単学級の学校，通常学級で特別支援を推進していくこと，この2つは学校のすべての教師が参加する組織体制による取組みが不可欠だと思います。

　本事例から学びたい「単学級の学校の教育実践の向上」「通常学級における特別支援教育の推進」のポイントは，次の点です。
○教育実践に関する意識，取組み方を共有化して，すべての教師の組織体制で実施する
○共有化するためには，すべての教師が問題を議論するための指標（Q-Uの得点をその指標として活用した）が必要。

【3年生11月のプロット】

侵害行為認知群　　　　　　承認得点　　　学級生活満足群

被侵害得点

- C（ADHD傾向）
- B（軽度精神遅滞）
- F（下肢不自由）
- E（高機能自閉症）
- D（LD）
- A（高機能自閉症）

学級生活不満足群　　　　　　　　　　　　　非承認群

【4年生6月のプロット】

侵害行為認知群　　　　　　承認得点　　　　　　　半数以上の児童が
　　　　　　　　　　　　　　　　　　　　　　　学級生活満足群

被侵害得点

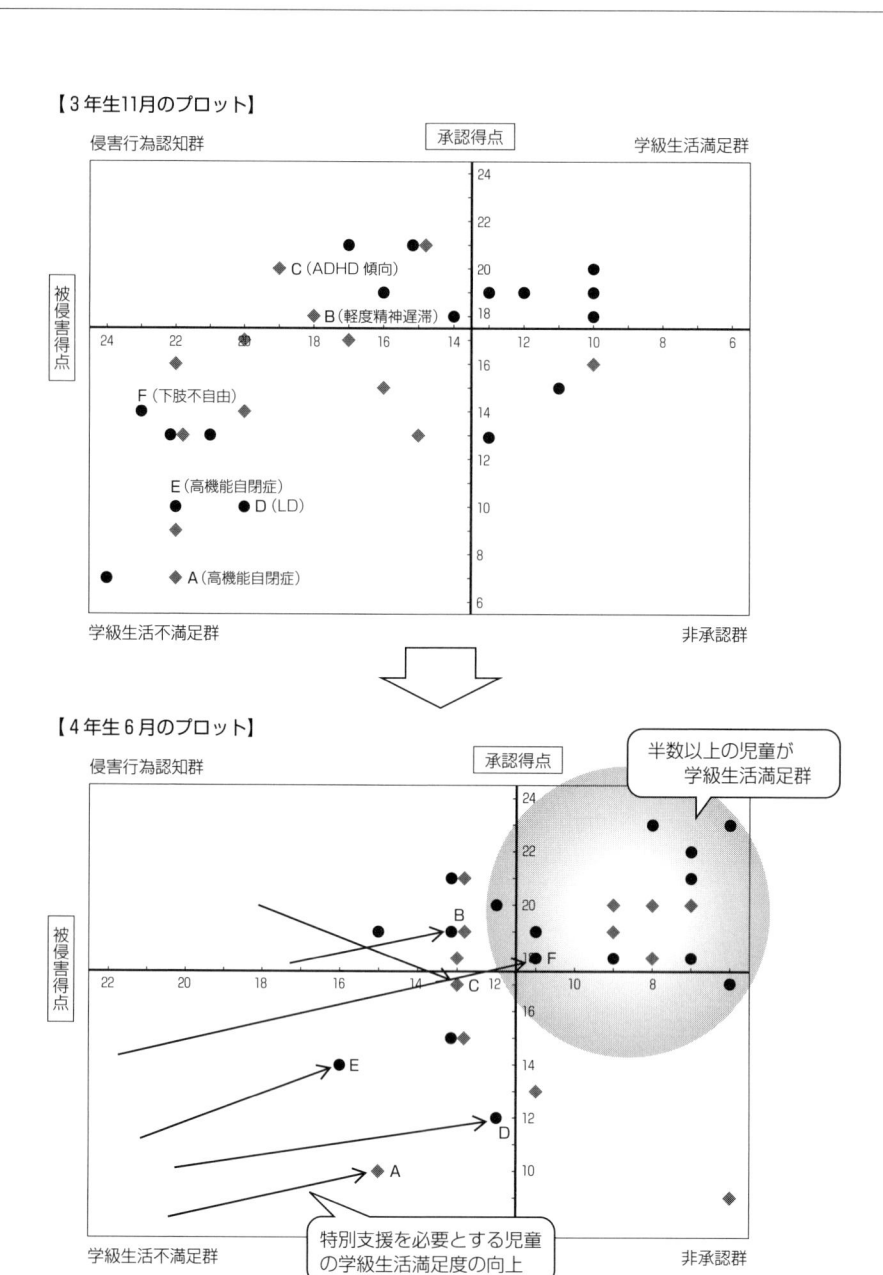

- B
- C
- F
- E
- D
- A

特別支援を必要とする児童の学級生活満足度の向上

学級生活不満足群　　　　　　　　　　　　　非承認群

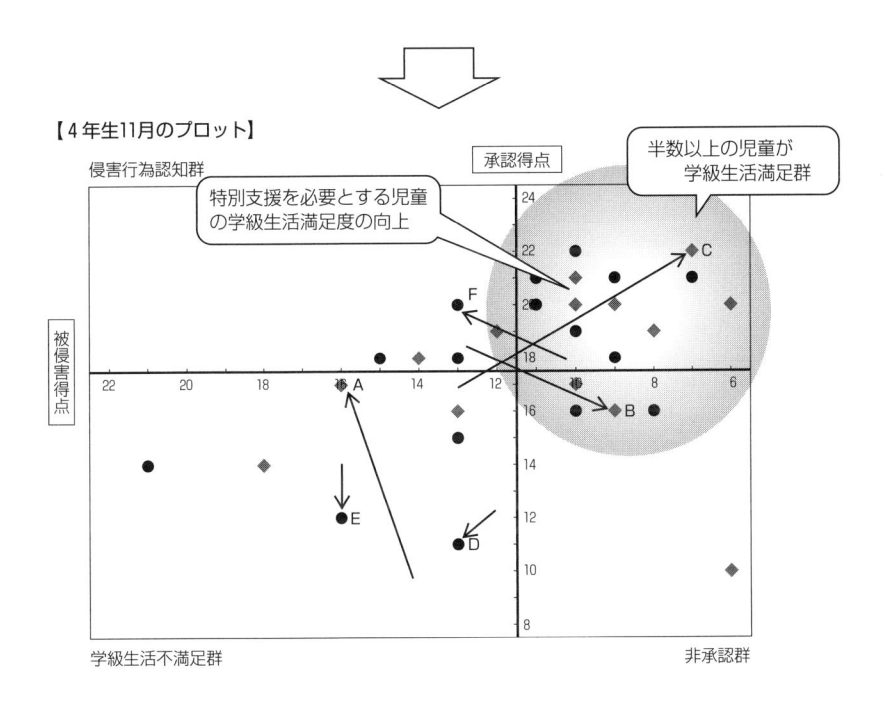

第4章 実際の学校現場の実践論文に学ぶ

【4年生11月のプロット】

図4-4-5 学級集団，特別支援を必要とする児童の状態の変化

> **Point** 通常学級での特別支援教育の展開のポイント

　事例からもわかるように，通常学級の中で特別支援教育を推進していくには次の点を押さえていくことが必要で，それは多くのQ-Uのデータからも立証されています。
①すべての子どもの個別支援を充実させる
②ルールの確立した受容的な学級集団を育成する
　この①と②を同時に満たし，個別支援と一斉指導を統合して展開していくことが求められます。教師の学級経営の力が問われるのです。
　学級経営の具体的な展開としては次のような流れになります。
(1) すべての子どもに個別支援の必要性を理解させる。
(2) 学級内のすべての子どもたちの援助ニーズとレベルを把握する。
(3) 学級内のすべての子どもたちの支援レベルの分布から，学級経営方針を設定する。
(4) 個別支援と一斉指導のバランスをとり，統合して展開する。
　一方の対応を犠牲にして，もう一方の対応の充実を図るようではいけません。留意すべきことは次の点です。
○個別支援が必要な子どもを把握し，計画的に対応する。
○個別対応をしているときに，他の子どもたちの一斉指導を保障する（自分たちでできる展開を確立する）。
○一斉指導の中に，個別支援の要素をプラスに位置づける。
　1つの教室で，同時に実施されなければならない対応が多く，校内の教師チームの組織力が問われます。
　詳細は，私が図書文化から出版している『学級担任の特別支援教育－個別支援と一斉指導を一体化する学級経営－』『Q-Uによる特別支援教育を充実させる学級経営』『特別支援教育を進める学校システム』を参照してください。

(3) 6年次崩壊学級もあった中学校1年生の学級づくり

> 【キーワード】
> 中1ギャップ，6年次崩壊学級，家庭の問題を抱えた生徒

　小学校を卒業し中学校に入学した子どもたちが中学校生活にうまく適応できず，中学校1年生の不登校の発生率が小学校6年生の3倍になっているという問題を，「中1ギャップ」といいます。小学校時代の学校生活と中学校での学校生活のギャップに，大きな困難さを抱く子どもたちが多いということです。

　不登校問題が深刻化し始めた1990年初頭までは，小学校，中学校ともに「管理型」学級集団が普通に見られていました。しかし，個別に配慮が必要な子どもが急速に増えてきた現在，教師主導の一斉指導を強く推進することができなくなっているため，特に小学校では「管理型」学級集団は徐々に少なくなっています。

　小学校では都市部を中心に「なれあい型」学級集団が急速に広がってきていますし，地方でも単学級で1学級の児童数が15人前後となり，母親的な学級担任のもとでの「なれあい型」学級集団が数多く見られるようになってきました。しかしその一方，中学校では，現在でも「管理型」学級集団がとても多い（70％強）のが実情です。

　一般的に，学級集団の状態からみる"中1ギャップ"の多くは，小学校の「なれあい型」学級集団と中学校の「管理型」学級集団の違いが原因となって表れます。子どもたちにしてみれば，小学校までは先生に個別に対応してもらうことが多かったのに，中学校になったら一斉に指示を出されることが多くなり，その指示を受けて自己判断して行動しなければならなくなります。指示と違う行動をすると注意されるわけで，このようななかで，特に小学校時代に教師から個別対応を受けながら何とか生活・活動してきた子どもは，徐々にどうしていいかわからなくなり，

学業不振や学級不適応にいたってしまうのです。

　似たパターンで，小学校は「満足型」学級集団で中学校は「管理型」学級集団というギャップもあります。小学校時代は，教師や周りの友人たちから支えられ，依存して何とか生活・活動してきた子どもが，他の子どもたちも新しい環境に対応するのに自分自身が精一杯であるため，支えを失ってしまい，徐々に学級不適応にいたってしまうのです。

　そして，困ったパターンの"中1ギャップ"は，小学校6年次の学級集団の状態が崩壊した学級集団で，中学校1年次に「管理型」学級集団の形成を志向しながらそのような集団にいたらず，「荒れ始め型」学級集団の状態からスタートする場合です。

　小学校時代に最低限のルールのもとで生活・活動してこなかった子どもたちは，秩序が乱れた状態の中で，教師の指導に従わなくてもすむスキルを身につけていることが多いのです。自分の非をあやふやにしてごまかす，指導に対しても無視したり逃げたりして時間を稼ぎ，結局うやむやにしてしまうなどです。そういう小学校時代を体験してきた子どもたちが学級に4，5人いると，教師は学級集団内に規律を確立することができず，荒れた状態になりがちです。その中で，それらの子どもたちは，怠学傾向を帯びながら次第に学級不適応にいたるパターンが多く見られます。

　また，教師はどうしてもそういう子どもを全体の前で強く叱責することが多くなりますので，気の弱い子どもや不安の強い子どもは，次は自分が叱責されるのではないかと不安になり，学級不適応にいたるケースも見られます。

　今回取り上げた事例は，小学校6年生のときに学級崩壊を経験した子どもたちが含まれる学級を引き受け，学級づくりを展開していった事例です。

Study 5 さらなる"居心地のよい学級"をつくるために
──教師が態度をモデルとして示すことを通して

問題

本事例の中学校は、学区内に新幹線の停車駅があり、ここ数年の間に近隣に大型ショッピングモールなどができた開発地区に位置する。昔からの住民たちの地域に加えて、新興住宅地への移住者が年々増加している。そのような地域環境のため保護者もさまざまであり、父子家庭・母子家庭や要保護家庭といった配慮の必要な家庭環境に育つ生徒も1クラスに3割ほど在籍し、生徒たちの価値観も多様化してきている。

本実践が行われた年度に入学した生徒は、学区内の小学校3校から集まっていた。なかでも市街地にある大規模校2校では高学年のときに学級崩壊が起き、さらに1校では、5～6年生にかけて担任が3回変わるという異例の事態であったという。小学校時代に学級崩壊を経験した生徒が学級の半数以上を占める状況とは、学校に対してよくないイメージを抱いている生徒が半数以上を占める状況であり、中学校で再び学級崩壊が起きることも懸念されていた。このような1学年の学級を担当することになったのである。

課題

中学校で再び学級崩壊を起こさないための予防的対応として、中学校入学後の早い時期に生徒の適応感、学校生活に対する満足感を高め、生徒の学校生活に対するネガティブなイメージを変容させ、親和的なまとまりのある学級集団を育成する。

仮説

教師主導で規律を重視する管理型学級経営が主流であったが、それでは生徒たちの学校生活に対するイメージは変わらないと思った。そこで本事例の中学校では、荒れを防ぐため、生徒の中学校生活に対するイメージがかたまる前に、生徒たちの抱く理想の学級像を明確にし、教師が

85

そのためのかかわり方のモデルを示すことで，生徒たちの学級生活への満足度が高まり，学級集団も親和的にまとまるであろう。

取組み方法

学級開き直後から，生徒たちがもつ理想の学級像をイメージする機会を積極的に設け，そのイメージをもとに学級目標を設定し，楽しい雰囲気づくりや生徒のモデルとして担任自身が他者を尊重するようなリーダーシップをとることを心がけた。

表4-5-1　民主的なかかわり方のモデルを示す具体的な対応

対応場面	具体的な対応
①学級活動	・みんなが暮らしやすくなるルールの存在（校則ではない）や，みんなから認められることの安心感や心地よさを体感できるよう仕組みながら活動する。
②清掃	・楽しくコミュニケーションをとる活動と位置づけて行う。 ・教師の指導できれいにするよりも，生徒だけでそこそこきれいにできることを目標にする。
③授業	・プリント配布時には，最前列の生徒にていねいにお願いして配布してもらう。
④指導が必要な場面	・指導が必要な場面では，ていねいな「お願い」という形で協力を依頼し，協力への貢献に対しては感謝の気持ちを言葉にする。 ・怒られるからとか，ほめられるから行動するといったことには，否定的な立場であることを常に意思表示する。
⑤生徒からの問いかけ	・「どうしたらいいですか」という質問には，「どうしたらいいと思う」というように自分たちで判断するように促す。

具体的には次のような取組みを行った。
①学級開き当初に生徒の抱く理想の学級像を明確にする
・理想とする学級の雰囲気に関する意識アンケートを実施する。
・アンケートを集計し，生徒たちが理想とする学級の雰囲気や像を明らかにする。
・過去のエピソードなどを交えて楽しい雰囲気のなかでイメージする時

間を設定する。
②日常の生活場面から教師が民主的なかかわり方のモデルを示す
・担任教師は，指示・命令的なかかわりをしない，子どもの自主性に基づく活動，競争ではなく協力し合う生活の大切さ，の3点を心がけたかかわりを行った（表4-5-1）。

> 結果

実践の効果測定を行うために，その年の5月と9月にQ-U調査を実施した。
■全体の平均値
・「学級満足度尺度」の「承認得点」が上昇し，「被侵害得点」は低下していた（図4-5-1）。
・5月と9月の得点について，統計的に比較を行ったところ，特に「承認得点」の上昇に有意な差がみられた（9月＞5月）。

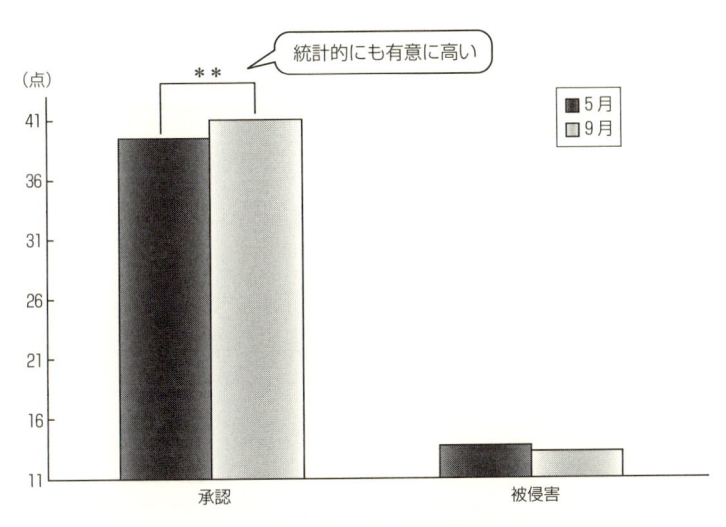

図4-5-1　5月と9月の承認得点と被侵害得点の平均値の比較

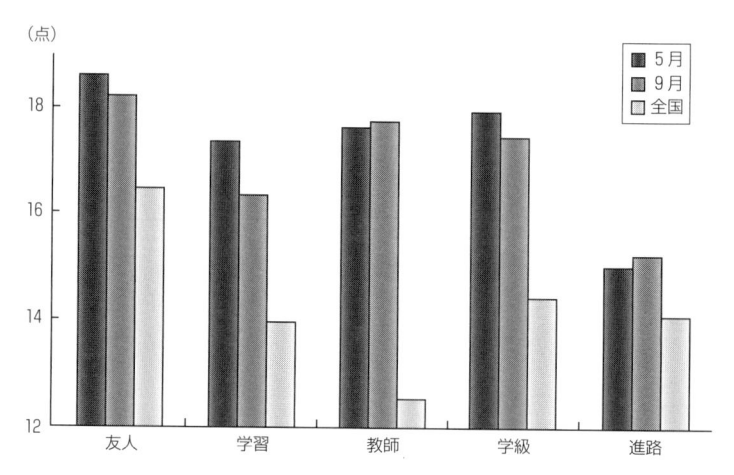

図4-5-2　学校生活意欲尺度得点の学級平均値と全国平均値の比較

- 「学校生活意欲尺度」の得点も，全国平均値と比較しても，仮説の効果を支持する「教師とのかかわり」「友人とのかかわり」「学級とのかかわり」の各得点が有意に高いことが明らかになった（図4-5-2）。

■学級生活満足群以外の生徒の得点
- 「学級生活満足群」以外の群の生徒の減少（4人→2人）。
- 「学級満足度尺度」の「承認得点」が上昇し，「被侵害得点」が低下した。

■学級のプロットの変化
　5月末時点で学級生活満足群80％以上，9月下旬には学級生活満足群90％以上という結果を導き出した。具体的なプロットの変化は図4-5-3（P90）に記した。

考察

　実態を押さえた一貫した教育計画に基づく教育実践に効果が認められ，生徒たちの学級生活の満足感も最初からとても高い値を示した。そして，

満足度の高い学級集団の状態をさらに良好な状態にするために，教師自身が他者とのかかわり方のモデルを示すことにより，教師－生徒間，生徒同士のかかわりの質がさらに向上し，学級集団の状態がより良好な状態になったと考えられる。

■ 河村のコメント

　3つの小学校から集まった生徒たちがまだ混沌としている集団の学級開きの段階で，理想の学級をイメージする機会を設け，そのイメージをもとに学級目標を設定しました。その目標を達成するためには，「学級生活のルール」「集団活動のルール」「友達関係のルール」を守ることが必要であり，生徒たちはそれに納得して取り組んでいったのだと思います。

　担任教師は自ら，みんなで決めたルールを守り，楽しい雰囲気づくりやルールにそった行動の仕方について，生徒のモデルになるように行動したのでしょう。そのようななかで生徒たちは安心し，見通しをもって学校生活を送ることができ，学級生活の満足感も高まり，学級も親和的にまとまっていったのだと思います。

　本事例から学びたい学級づくりのポイントは，次の点です。
○最初に目標とする学級集団のイメージを生徒たちとしっかりと合意し，そのうえで目標を達成するためのルールを確認する。
○担任教師もその目標の実現をめざし，生徒たちのモデルになるように行動する。

【5月のプロット】

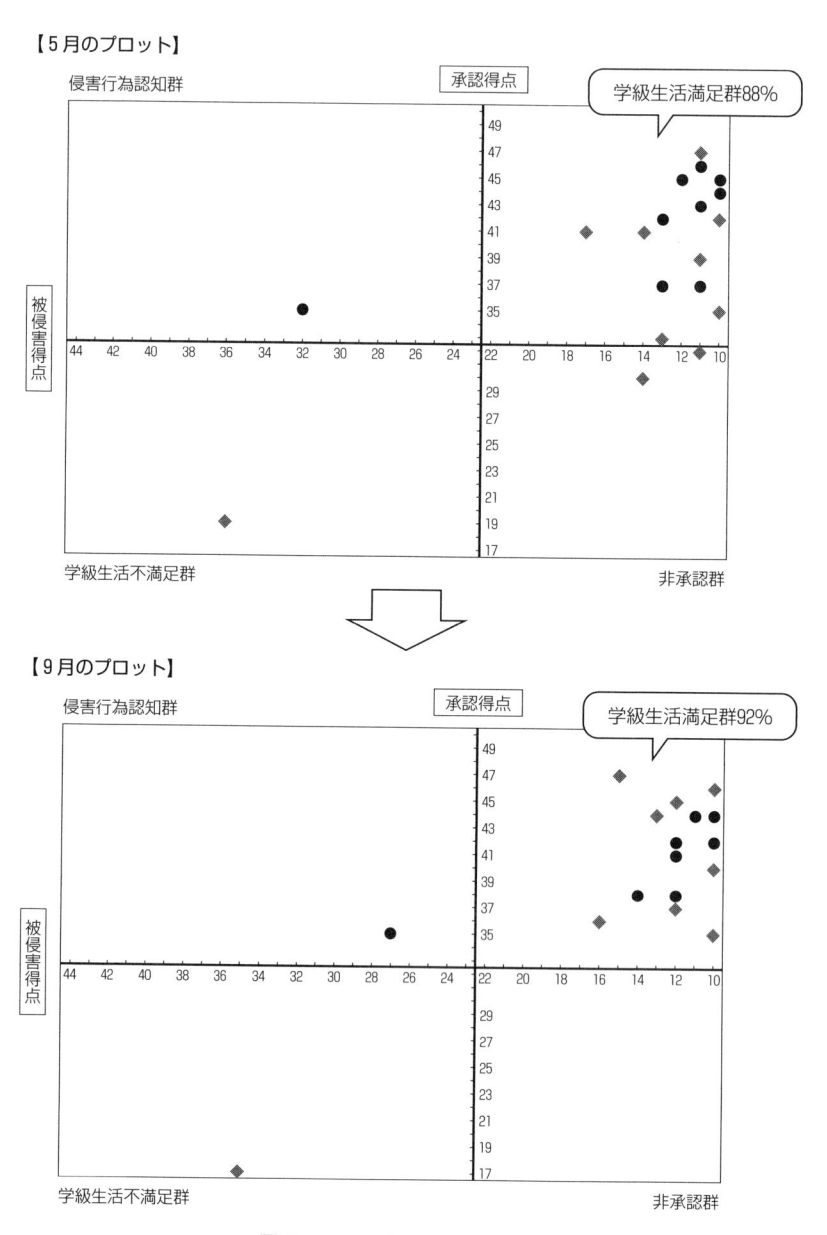

図中ラベル: 侵害行為認知群／承認得点／学級生活満足群88%／被侵害得点／学級生活不満足群／非承認群

【9月のプロット】

図中ラベル: 侵害行為認知群／承認得点／学級生活満足群92%／被侵害得点／学級生活不満足群／非承認群

図4-5-3　学級の状態の変化

> **Point** "中1ギャップ"を予防する学級経営のポイント

①小中連携の徹底

　筆者がかかわっている例では，教育委員会がリーダーシップをとって，小学校と中学校の教師たちが定期的にQ-Uの検討会を一緒にやっています。そのなかで，中学校の教師たちは小学校6年次の学級の実態（個別配慮を必要とする子ども，学級集団の状態）を知ることができ，さらに，中学校での学級集団形成に小学校6年次の教師たちからアドバイスをもらうことができるのです。この地域は，不登校の発生率も全国平均と比べてとても低く，前回の全国一斉の学力テストでも好成績をおさめ，自信を深めています。

②小学校6年次の学級の実態の段階から学級づくりを展開する

　最初に到達目標ありきではなく，現状から無理のない目標地点を定め，それに向かってスモールステップで教師は学級集団形成を積み上げていかなくてはなりません。その際，節目節目の学級集団の状態を調査し，微修正を加えながら学級経営をしていくことが求められます。

　小学校から中学校に進学する際のほどよいギャップは，1つの節目を子どもに自覚させ，新たな意欲を喚起することになります。その「ほどよい」というレベルの検討が，学級経営を展開する教師に，いま求められていると思います。小学校の教師には，学級生活・活動を通して，一人一人の児童のソーシャルスキルを向上させることがより求められるでしょう。中学校の教師には，生徒一人一人への個別支援がより求められてきているのだと思います。

　詳細は，私が図書文化から出版している『学級ソーシャルスキル　小学校低・中・高学年・中学校編』『Q-U式学級づくり　小学校低・中・高学年・中学校編』を参照してください。

2 学校全体・専門機関の取組み

　学校全体の取組みでむずかしいのは，多くの教師たちの意識と基本的な行動や対応のあり方を確認し合い，共有化していくことです。これができないと，教師間で足並みが揃わず，学級間で実践の差が大きくなります。教師たちのチームワークにも支障をきたし，学校全体の成果も逆に低下してしまうことにもなります。

　上記の内容は，学校組織やチーム連携のあり方という，別の大きな領域の問題を含んでいます。本章で紹介する事例も，教育実践の内容以外に，学校組織やチーム連携の構築や維持に関して，水面下の取組みを行っていました。

　本書ではこの問題についてこれ以上言及しませんが，学校組織やチーム連携のあり方の詳細については，以下の本を参照してください。
・河村茂雄・粕谷貴志『公立学校の挑戦　小学校編・中学校編』図書文化
・河村茂雄『教育委員会の挑戦――「未然防止への転換」と「組織で動ける学校づくり」』図書文化

(1) 小規模校での学校をあげた不適応予防の取組み

【キーワード】
小規模校，管理職のサポート，一斉指導プラス個別支援

　小規模校とは，自治体によってさまざまな捉え方がありますが，一般的には文部科学省の定める標準的な学級規模（12～18学級）に満たない1学校11学級以下の学校のことです。単学級の問題は前述の通りですが，小規模校のもう1つの問題として，教職員数が少ないために新しい取組みが負担になりやすいことなどがあげられます。

　学級編成がえがなく，固定化した人間関係のなかで起こる不適応の問

題では，いったん不適応傾向に陥ると元の集団になかなか戻りにくいために，対応が長引いてしまいがちです。ただでさえ少ない教職員でさまざまな教育活動，校務分掌，地域とのかかわり，学級経営や生徒への個別指導と多忙を極める状況で，学校不適応を起こした生徒への家庭訪問や学習の保障，人間関係の修復といった個別対応が長引くことにより，教師はその対応に追われることになります。そのようななかで，問題解決のために何か新しい取組みを取り入れることは，教師をますます疲弊させる原因になりかねません。

Study 6　小規模中学校を活性化させた管理職の実践
──早期発見早期対応を実現する体内体制づくりを通して

問題

本事例の中学校は，四方を山に囲まれた川ぞいの平地に集落が点在する，いわゆる地方の僻地に位置している。学級数は，各学年1学級と特別支援学級を含む4学級である。在籍する生徒たちは，明るく素直で礼儀正しい。また，地域のつながりも残る地区であることから保護者の協力も得やすい。しかしながら，生徒数は年々減少の傾向にあり，部活動などに一生懸命取り組んでも，その割に思うような成果が出にくいなど，生徒のモチベーション維持がむずかしい状況である。また，年々不適応傾向を示す生徒が増加し，保護者からの心配の声も増加していた。教職員数も限られるなか，学習面，生活面で配慮の必要な生徒や，家庭の問題を抱えた生徒への対応，保護者対応が問題となっていた。

課題

生徒の学校不適応の問題が大きくなってからでは問題解決にかかる時間が長くなり，支援する教職員にかかる負担も増大すると考えられる。そのため，問題の早期発見，対応をするための学校体制を構築する必要がある。

> **仮説**

　学級になじめない，悩みを抱えているといった生徒を定期的なアセスメントにより早期に発見し，教職員全体で問題を共有し，対応するシステムを構築することで，生徒の学校不適応を未然に防ぎ，保護者からのニーズにも応えることができるだろう。管理職である校長が教職員への物理的，情緒的サポートを行うことが教職員の負担を軽減し，取組みの下支えの役割を果たすことにつながるだろう。

> **取組み方法**

　全校で定期的にQ-Uを実施して学級集団の状態を把握し，教職員の日常観察とあわせて不適応傾向を示す生徒をリストアップし，生徒個々への対応の課題を明らかにした。同時に，各学級の学級経営の課題を明らかにして校内研修会で対応策を話し合った。生徒個々の状態，学級の状態について，全教職員が共通の物差しをもって理解し，具体的な解決の手だてを決めて対応した。

　行った対応は以下のとおりである。

①Q-Uの結果をもとに，ワークショップ型の校内研修会を行い，そこに校内のすべての教職員が参加し，前項の不適応傾向の生徒をリストアップして，一人一人の支援計画を立て，全教職員がそれを共有した。

②配慮を要する1年生については，一斉指導プラス個別支援ができるように複数での指導体制に切りかえて対応した。

③全教職員が参加したワークショップ型の校内研修会で，各学級の課題を明確にしたうえで，解決する方法について，「だれが」「いつまでに」「どのように行うか」まで具体的に決め，確実にやりきった。

④実践の内容について，必ず振り返りを行い，成果と課題を明確にして次の取組みにつなげた。

　さらに，上記の対応をスムーズに進めるために，管理職である校長が以下のような役割を担って教職員をサポートした。

①研究部を主体に取組みを進めるため，校長と研究部との打ち合わせ事

項の周知については，校長ではなく研究部長にお願いした。
②資料提供やデータの読み取りに校長が積極的にかかわることで，教職員の負担感を軽減させた。
③全教職員のモデルとなる実践の具体例を提示する，資料づくりの補助，個別相談など，さまざまな形のサポートをすることで教職員のモチベーションを維持した。

結果

入学から卒業までの3年間の実践の効果測定を行うために，入学した年（1年生）の6月，翌年（2年生）の6月，そして翌々年（3年生）の6月にQ-U調査を実施した。

■全体の平均値
・「学級生活満足度尺度」の「承認得点」は，1学年の6月と比較して3学年の6月は統計的に有意に得点が上昇した（3学年＞1学年）。

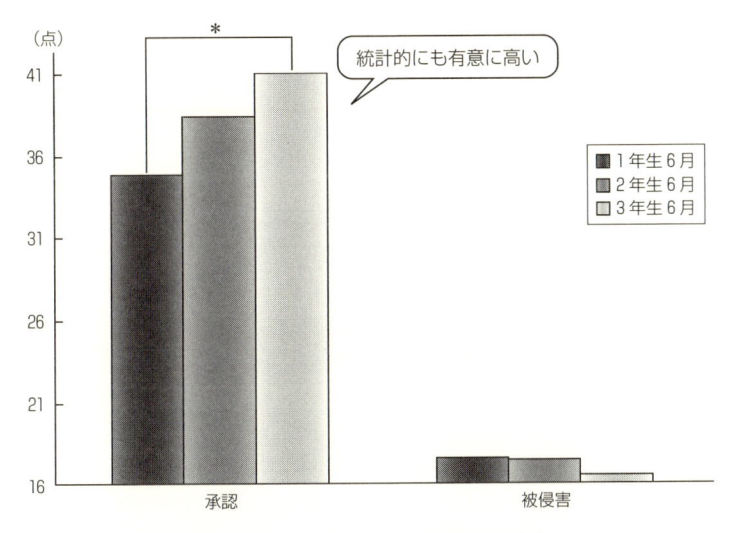

図4-6-1　学級満足度尺度得点の変化

・「学校生活意欲尺度」の各得点も,全国平均値と比較して有意に高く,生徒のモチベーション維持を裏づける結果となった。

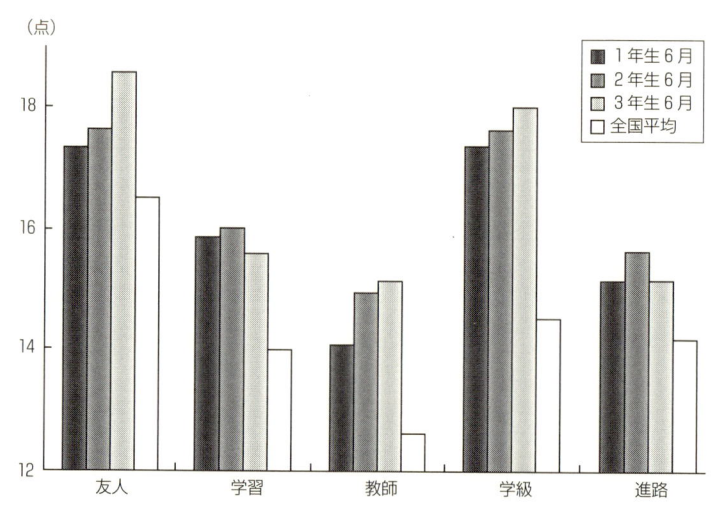

図4-6-2　学校生活意欲尺度得点の全国平均値との比較

■学級生活満足群以外の生徒の得点
・「学級生活満足群」以外の群の生徒が減少（1年次9人→2年次6人→3年次4人）した。

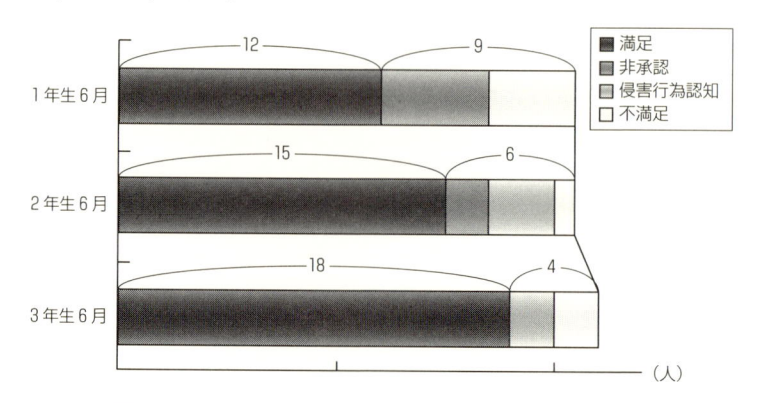

図4-6-3　学級生活満足群とそれ以外の群の人数の変化

・「学級満足度尺度」の「承認得点」が上昇し，「被侵害得点」が低下し，1年次に学級生活不満足群に位置した4名の生徒は3年次にすべての生徒が学級生活満足群に移行していた。また，取組みを始めてからは，新たな不登校生徒は出現しなかった。

■具体的なプロットの変化
具体的なプロットの変化は，P98の図4－6－4に記した。

■保護者の変化
・取組み前には毎週のように保護者からの電話や来校があったが，取組みを始めてからは年間1～2件と激減し，学校の対応への理解が得られやすくなった。

考察

生徒の実態を押さえ，学校全体で共有して学級経営，個別対応を行ったことで，学校不適応を起こす生徒の出現を予防することにつながったと考えられる。

■ 河村のコメント

　生徒たちの状態，学校規模の問題と教職員の仕事量，学校の位置する地域や保護者との関係性をトータルに把握したうえで，「新たな学校不適応生徒を生まない」という目的を明確にして学校システムを構築し，的確な年間計画を立てた取組みが行われ，大きな成果が得られたのだと思います。このような取組みの結果，本中学校は「毎日カップ体力づくりコンテスト」13年連続全国表彰，県駅伝大会男子2位など，小規模校にもかかわらず多方面で活発な成果をあげています。

　本事例から学びたいポイントは次の点です。

○教職員は，データという共通の枠組みをもつことにより，指導方法と生徒の状態とのマッチングを意識し，個々の指導の癖やうまくいかなかった指導について振り返り，改善を図るようになった。
○管理職が教職員を陰から支えるリーダーシップをとることで，教職員のモチベーションを喚起・維持することにつながった。
○成果が不登校数減少という数字でも表れ，仮に保護者からのクレームがあっても，きちんと説明できる根拠を用意していたことで，保護者の理解を得られた。

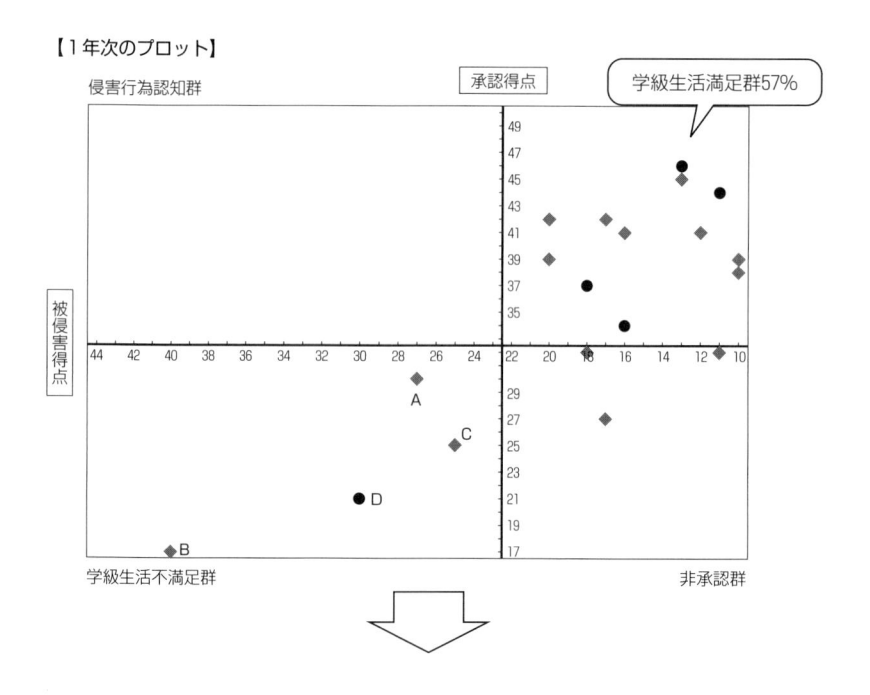

【1年次のプロット】

承認得点

学級生活満足群57%

侵害行為認知群

被侵害得点

A
C
D
B

学級生活不満足群

非承認群

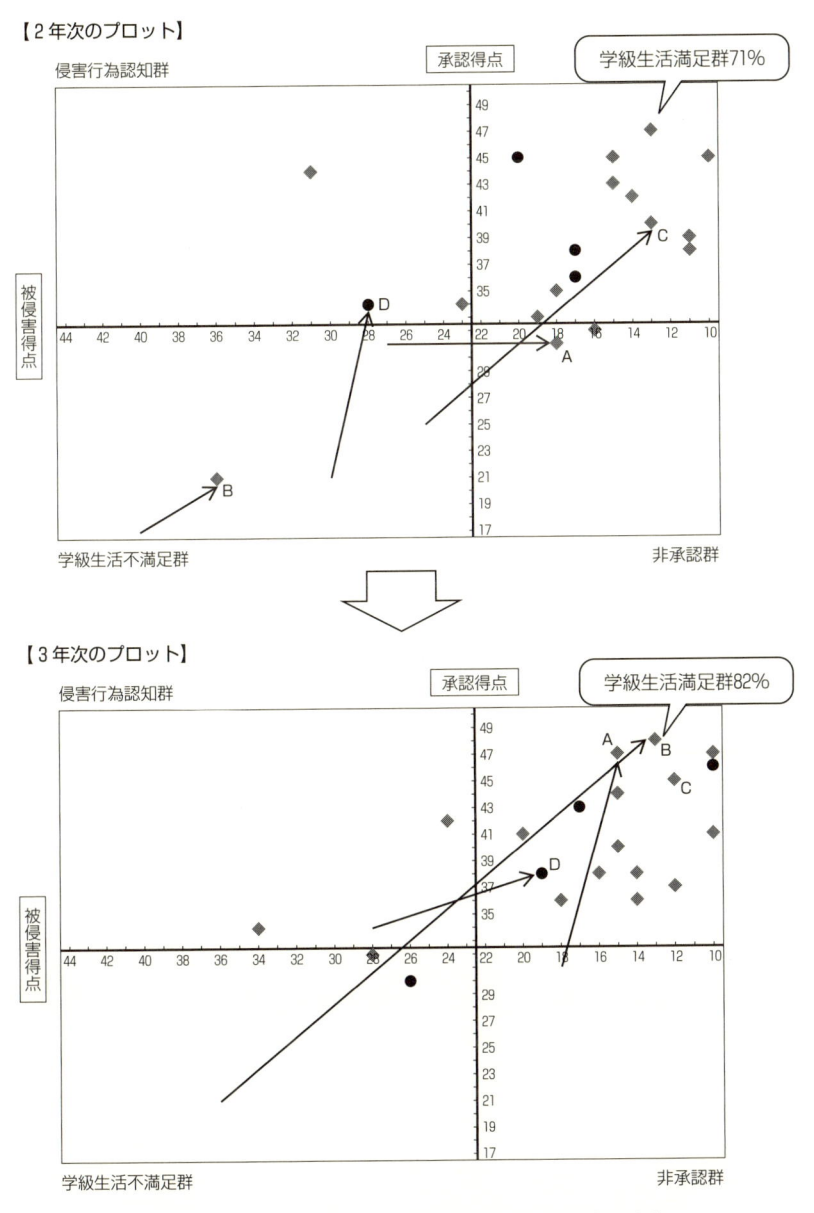

第4章　実際の学校現場の実践論文に学ぶ

【2年次のプロット】

学級生活満足群71%

図 4-6-4　学級の状態と不適応傾向生徒の満足度の変化

【3年次のプロット】

学級生活満足群82%

図 4-6-4　学級の状態と不適応傾向生徒の満足度の変化

(2) すべての教育活動を通して自尊感情を高める取組み

> 【キーワード】
> 人権教育,不登校,自尊感情,学校体制

　文部科学省が平成18年度に発表した「人権教育の指導方法等の在り方について」(第二次とりまとめ)は,学校教育における人権教育の改善・充実の基本的な考え方を示したものです。骨子は以下のとおりです。

> 人権教育の目標:「一人一人の児童生徒がその発達段階に応じ,人権の意義・内容や重要性について理解し,『自分の大切さとともに他の人の大切さを認めること』ができるようになり,それが様々な場面や状況下での具体的な態度や行動に現れるとともに,人権が尊重される社会づくりに向けた行動につながるようにすること」

　特に,『自分の〜』については,教育のあり方の方向性を強く示すものです。すなわち,子ども自身が,周囲の人から大切にされているという実感,集団の一員であるという所属感,周りから認められているという充実感を獲得できることが重要であり,それには他者とのかかわりが不可欠であり,他者との良好な相互交流を通して自他共に育まれていくことが理想です。子どもの「自尊感情」を育成していくことが,まず求められるのです。

　自尊感情(self-esteem)には2つの側面があります(Rosenberg, 1965)。特に後者の側面が大事だと指摘されています。
○ Very good／社会的評価基準に基づいて他者から評価が得られたときに自己価値を感じること。
○ Good enough／自己内価値基準に基づいて以前よりも成長しつつある自分を「これでいい」と感じること,自己受容が伴う。
　本事例は,人権教育を推進している地域の中学校の事例です。

Study 7 生徒の自尊感情が高まる教育活動の創造
――各教科・道徳・特別活動における交流活動の工夫を通して

問題
　本事例の中学校では，不登校生徒が25人となった年に，生徒の自尊感情の実態を測定するアンケートを実施した。その結果，自分を好きと感じている生徒が少ないことが明らかとなった。さらに，学校や家庭で認められていると感じている生徒も少なく，他者との関係のなかで自分を認められるような体験が不足していることが考えられた。つまり，問題を抱える生徒の背景には，自尊感情が低く，特に他者との関係のなかで自分を認められるような経験や体験が非常に少ないことが「自尊感情に関する実態調査」から明らかとなったのである。

課題
　すべての教育活動を通して，他者との関係のなかで自分を認められるような経験や体験を充実させる必要がある。

仮説
　各教科，道徳，特別活動の学習過程において，生徒が自分を肯定的に受けとめ，さらには他者をも尊重する気持ちが高まるような交流活動を工夫すれば，生徒の自尊感情が高まるであろう。

取組み方法
　本実践は，不登校生徒が25人となった翌年から，市の研究指定を受けて行われることとなった。すべての教育活動を通して生徒の自尊感情を高めるために，教師たちが4つのプロジェクトグループを組織して，各教科，道徳，特別活動での授業づくりについて検討していった。
　各プロジェクトはそれぞれの役割を担いながらも共通の枠組みをもち，生徒の自尊感情を高めるというねらい，そのための授業の組立て方や交流活動を取り入れる点を共通の柱として取組みを進めていった。

表4-7-1 各プロジェクトの位置づけと取組み内容

研究部会	プロジェクト	ねらい	取組み内容
教科	基礎・基本定着	教科の内容を教えるだけでなく，教科の学習過程のなかに交流活動を仕組み，自己効力感，自己有用感，自己肯定感を高める。	・各教科で課題解決的な学習を取り入れる。 ・特に英語科で少人数学習，習熟度別学習を取り入れる。
道徳 特別活動	ヒューマン	プロジェクトでの体験から気づいた課題をいろいろな形態で交流して課題解決していく授業を通して，内面的・共感的な道徳的心情を発達させ，自尊感情を高める。	・人権フェスタを開催する。 ・副読本「いのちのノート」を活用した授業を実施する。 ・地域の団体との連携により清掃を徹底する。
特別活動	感動提供	2つのプロジェクトにおいて，学級や個人の課題をいろいろな形態で交流して解決していく授業を通して，集団や社会の一員としてよりよい生活を築こうとする自主的・実践的な態度を育て，自尊感情を高める。	・生徒会の委員会と連携を図り，体育会，合唱コンクール，クラスマッチの行事の企画運営を行い，取組みの過程や当日の活動において生徒に感動体験を味わわせる。
	生活習慣改善		・学校保健委員会と連携を図り，生活習慣改善の取組みを生徒会の保健安全委員会，給食委員会，生活委員会の活動を通して行う。

具体的には，学校全体で次のような取組みを行った。

①プロジェクトの組織

・「生徒の自尊感情が高まる教育活動の推進」を達成するために，「基礎基本定着」「ヒューマン」「感動提供」「生活習慣改善」の4つの教師グループを組織する。

・それぞれのプロジェクトのねらいを達成するために，教科，道徳，特

別活動を通して自尊感情を高めるような交流活動を取り入れた授業づくりに取り組む。

②学習過程の工夫（表4-7-1）
・それぞれの授業づくりにおける1時間の学習過程を「自己理解」「自己受容」「自己変容」の3段階で構成する。
・教科・道徳・特別活動の授業のなかに，活動に応じた形態・方法による交流活動を位置づける。

結果

取組みを開始した年の5月と12月に，Q-U調査と自作の自尊感情のアンケートを実施した。学校全体で良好な変容がみられたが，特に顕著な変容がみられた3年生のデータを以下に示す。

■3年生のQ-Uデータの変化
・「学級満足度尺度」の5月と12月の得点について，統計的に比較を行ったところ，「承認得点」の上昇，「被侵害得点」の低下に有意な傾向がみられた（承認：12月＞5月，被侵害：5月＞12月）。

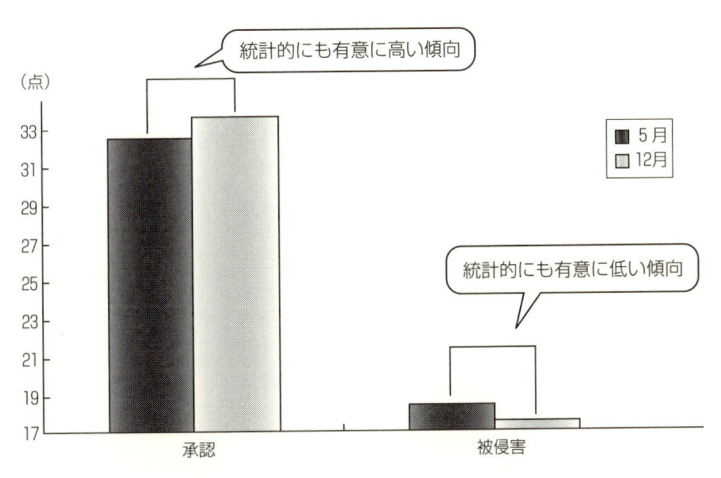

図4-7-1　5月と12月の承認得点と被侵害得点の平均値の比較

- 「学校生活意欲尺度」の5月と12月の得点について，統計的に比較を行ったところ，各得点の上昇に有意な傾向がみられた（友人関係・学習意欲：2回目＞1回目，教師との関係・学級との関係・進路意識：5月＞12月）。

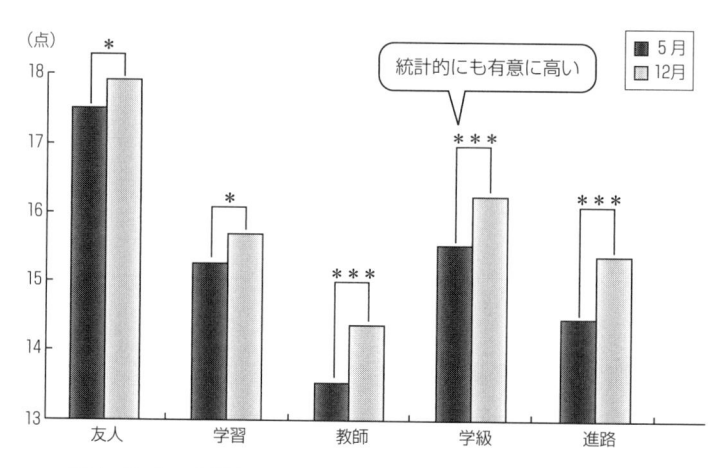

図4-7-2　5月と12月の学校生活意欲各得点の平均値の比較

■他の客観的な指標測定データ：自尊感情を測定するアンケート
- 5月と12月の得点の平均値について，統計的に得点の比較を行ったところ，自尊感情を測定するアンケートの自己効力感，自己有用感の得点の上昇に有意な傾向がみられた（自己効力感：12月＞5月，自己有用感：5月＞12月）。

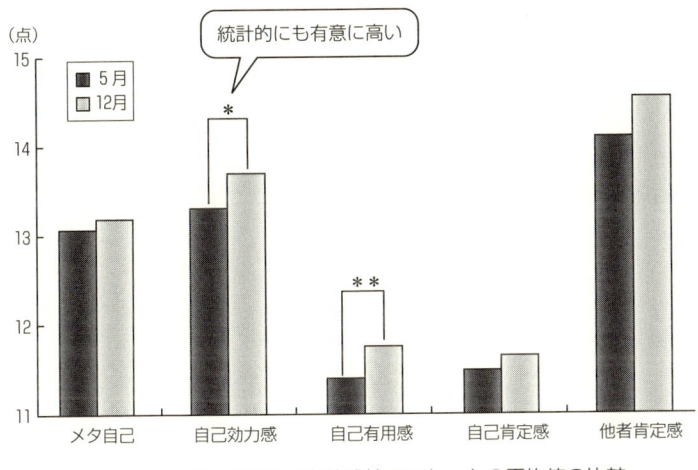

図4-7-3 5月と12月の自尊感情アンケートの平均値の比較

全体として，生徒の学校生活での体験がより充実し，学校満足度や学校生活意欲，自尊感情が高まっていった。

考察

学校全体で取り組んだ教育実践に効果が認められ，生徒たちの学級，学校生活の満足感がより向上した。それとともに，生徒の自尊感情にも良好な変化がみられた。生徒の自尊感情を高めるために，学校全体で，すべての教育活動を通して，他者との関係のなかで自分を認められるような経験や体験を充実させるような交流活動を取り入れることが，生徒の自己効力感や自己有用感を高めることにつながったと考えられる。

■ 河村のコメント

生徒たちの実態を押さえ，その背景にある心理的な面までアセスメントし，学校全体で計画的に毎日継続して取り組んでいったことが，大きな教育実践の成果につながったと思います。

本事例から学びたいポイントは次の点です。
○「自尊感情を高めるような交流活動を取り入れた授業づくり」という大きなテーマを教師全体が共有し，それぞれの取組みにぶれがなかった。
○取組みの成果を実証的に検証し，新たな取組みにつなげていった。

(3) 市町村単位による系統的な人間関係プログラムを通した学級づくり

>【キーワード】
>市町村単位，不登校予防，
>小・中学校を通した一貫した教育プログラム

　近年，市町村単位で全小・中学校の子どもの実態を把握し，そのうえで系統的なプログラムを立案し，良好な学級集団の育成を行っている地域があります。このような取組みの背景には，ある特定の地域において，毎年，不登校の発生率が高い水準で推移し続けている，という実態があると考えられます。

　このような実態において，市町村単位で系統的なプログラムを立案し，そのプログラムにそって実践を行うことは，不登校の発生予防に寄与する取組みであると考えられます。なぜならば，同一地域内に，小学生が進学をすることになる中学校も位置しているため，小学校から中学校までの連続性のなかで教育課程を編成することができるからです。さらに，子どもの転校や教職員の異動があった場合も，ぶれないなど，一貫性のあるなかで子どもへの対応が行えるのです。

　今回取り上げたのは，ある市単位で系統的なプログラムを立案し，実践した同一地域内にある小学校（5年生）と中学校（3年生）の，2つの学級の事例です。

Study 8　児童間の相互理解を深め，学級のまとまりを高めることをめざした取組み（小学校）

問題
　本学級は，目に見える大きなトラブルも少なく，児童も比較的落ち着いて日々の学級生活を過ごしていた。だが，高学年ということもあり男女間の交流は少なくなり，相互理解不足のために男女間において小さなトラブルが発生する場面が多くなっていた。さらに，学級全体が1つになる機会が減少しているような状況であった。

課題
　男女隔たりなく学級全体で良好な人間関係を形成し，学級としてのまとまりを高める。

仮説
　日々の学級生活のなかに，計画的に構成的グループエンカウンター（SGE）を取り入れることで，児童間の相互理解や学級集団の凝集性は向上するという実証的な知見がある。したがって，本学級の実態に即したSGEを計画的に実践することにより，男女間の相互理解は深まり，学級としてのまとまりも高まるであろう。

取組み方法
　市で立案されたプログラムを参考にし，SGEのエクササイズを，本学級の実態に即してアレンジして行った。まず，男女間の相互理解を深めるために，特別活動の時間に「なんでもバスケット」「さいころトーキング」「二者択一」などのエクササイズを行い，楽しみながらお互いのことを知る機会を定期的に設定した。そして，エクササイズ後の振り返りの内容や，日々の学級生活の様子から，男女間の相互理解が深まってきたと判断された段階において，「無人島SOS」や「エンジェルハート」などの，集団で協力して取り組む内容のエクササイズを行い，学級としてのまとまりを高めることに努めた。

また本学級では，市が立案したプログラムの他に，男女間の相互理解や学級としてのまとまりを高めることを目的に，朝の会では日直の2名（男女1名ずつ）の児童による「1分間スピーチ」や，レクリエーション係（男女1名ずつ）の立案による，必ず男女が一緒になって活動することができるレクリエーションを，週に一回継続的に行うようにした。
　また，トラブルが発生した際の対応として，トラブルが発生した原因やどうすれば解決することができるかなどの話し合いをその日のうちに行うことで，トラブルを次の日にもち越さないように心がけた。

結果

　本実践の効果測定を行うために，5月と10月にQ-Uを実施した。

■全体の平均値
・「学級生活満足度尺度」の「承認感得点」は5月から10月にかけて向上し，「被侵害感得点」は5月から10月にかけて減少していた。
・5月と10月の得点の平均値について，統計的に得点の比較を行ったところ，「承認感得点」（10月＞5月）の向上に有意な差が認められた（図4-8-1）。

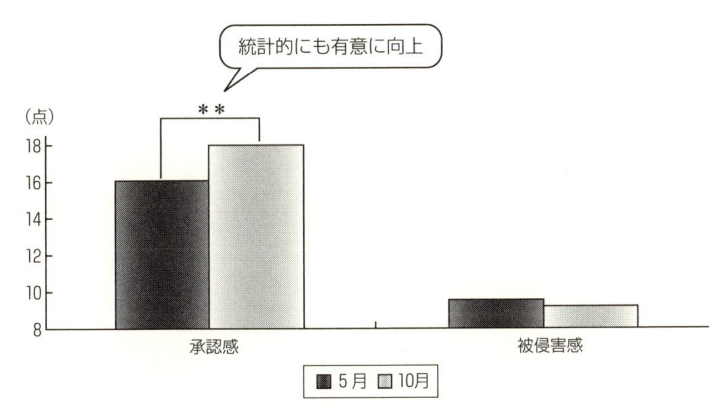

図4-8-1　「承認感」得点と「被侵害感」得点の変化

- 「学校生活意欲尺度」のすべての得点において5月から10月にかけて向上していた。
- 5月と10月の得点の平均値について，統計的に得点の比較を行ったところ，「学習意欲得点」（10月＞5月**），「学級の雰囲気得点」（10月＞5月**）の向上に有意な差が認められた（図4-8-2）。

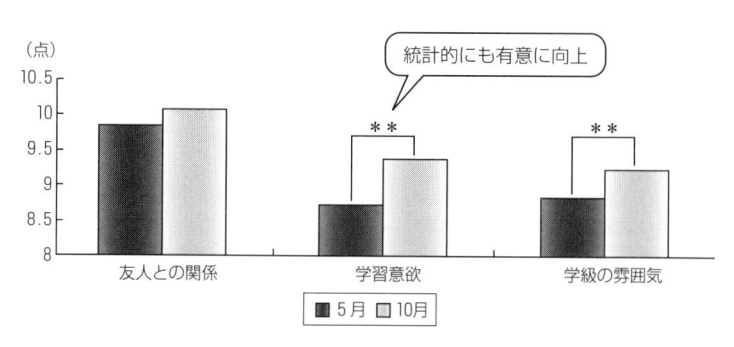

図4-8-2 「学校生活意欲尺度」得点の変化

■学級のプロットの変化

　全体として，5月の第1回目のQ-U調査では，学級集団の状態がかたさのある集団ということや，「友人との関係得点」と「学級の雰囲気得点」のアンバランスさから，学級内の友人関係は固定化し，さらに，学級としてのまとまりを感じにくい状況であると考えられた。だが，継続的に取組みを行った10月においては，学級集団の状態は良好な変化を示し，さらに，「学級の雰囲気」得点の向上からも，学級としてのまとまりを感じられる機会が増加したことも示された（P112，図4-8-3）。

考察

　本学級に在籍している児童の実態を，日々の観察やQ-Uという調査法を用いて把握し，そのうえで，本学級に必要であると考えられた取組みを継続的に行ったことにより，児童間の相互理解は深まり，良好な友

人関係が学級全体に広がったと思われ，その結果，学級としてのまとまりも高まったと考えられる。さらに，「学習意欲」得点も向上したことから，学級内の学び合い活動も促進されたと考えられる。つまり，児童間の相互理解を深め，学級としてのまとまりを高める取組みは，児童一人一人の学級生活満足度を高めるのみならず，学習面にも良好な影響を与えることが示されたと考えられる。

■ 河村のコメント

　児童たちの関係性の実態を的確に押さえ，学校全体で計画的に毎日継続して取り組んでいったことが，大きな教育実践の成果につながったと思います。

　本事例から学びたいポイントは次の点です。
○教育委員会が市内の児童生徒の実態をアセスメントし，適切でスタンダードなプログラムを各学校に提供した。
○提供されたプログラムを教師が確実に自分のものとし，さらに学級のより細かい実態に合わせてアレンジして取り組んだ。

【5月時点のプロット図】

侵害行為認知群 2％　　　　　　　　承認得点　　学級生活満足群 32％

学級生活不満足群 23％　　　　　　　　　　　　非承認群 41％

【10月時点のプロット図】

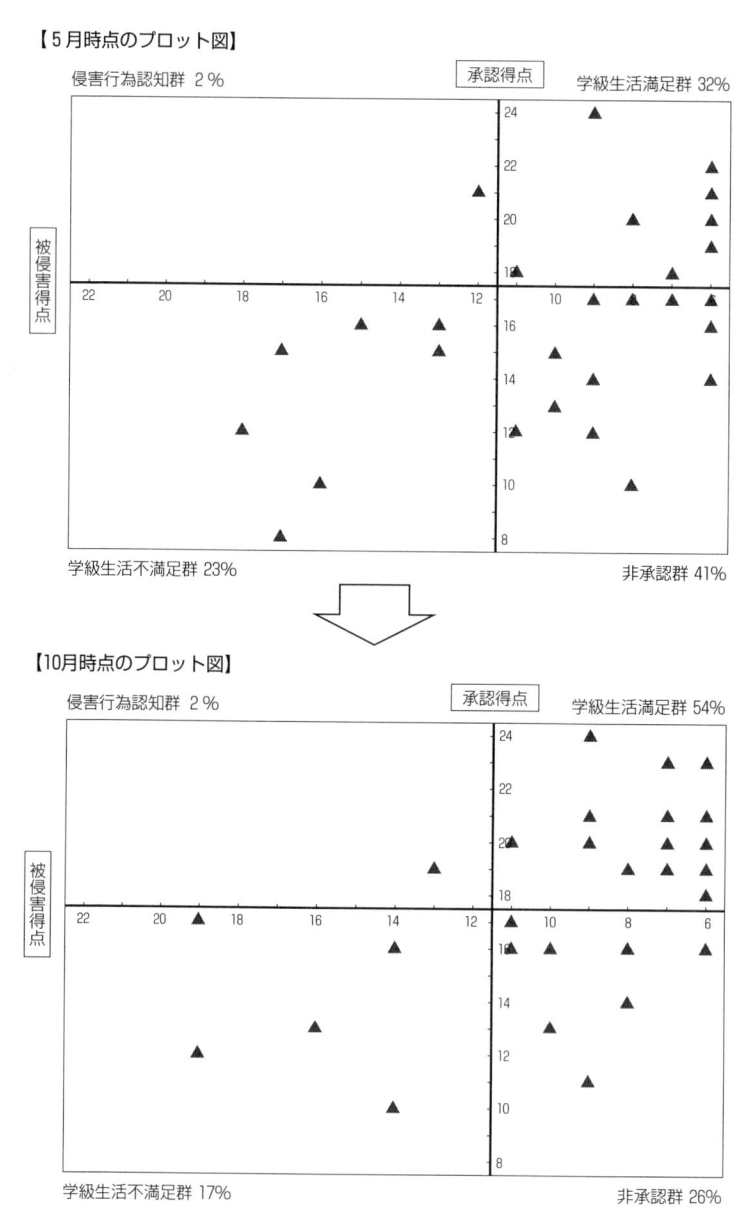

侵害行為認知群 2％　　　　　　　　承認得点　　学級生活満足群 54％

学級生活不満足群 17％　　　　　　　　　　　　非承認群 26％

図4-8-3　5月から10月へのプロットの変化

Study 9　生徒間の相互理解を深め，学級のまとまりを高めることをめざした取組み（中学校）

問題

　本学級内は，生徒間および，担任教師と生徒間のリレーションが不足しており，緊張感や不安が高いと感じられた。そのため，学級生活において大きなトラブルは少なかったが，学級活動に対する意欲は低い，もしくは，抵抗感を示している状態であった。さらに，学級内の規律も乱れつつある状態であり，授業中の私語や忘れ物なども多く見受けられる状況であった。

課題

　学級内における人間関係を良好にし，規律ある学級生活を送れるようにする。

仮説

　日々の学級生活のなかに，計画的に構成的グループエンカウンター（SGE）やソーシャルスキルトレーニング（SST）を取り入れることで，生徒間，および，教師と生徒間のリレーションの形成や，学級内のルールの定着に寄与するという実証的な知見がある。したがって本学級の実態に即したSGEやSSTを計画的に実践することにより，学級内の人間関係は良好になり，かつ，ルールやマナーが守られた学級集団になるであろう。

取組み方法

　市で立案されたプログラムを参考にし，SGEやSSTのエクササイズを本学級の実態に即してアレンジして行った。まず，生徒間，および，教師と生徒間のリレーション形成を目的に，特別活動の時間に「すごろくトーキング」「体験したことビンゴ」「いいとこ探し」などのSGEエクササイズや，円滑なコミュニケーションの促進のために「目は口ほどにものをいう」などのSSTのエクササイズを行い，お互いのことを

113

知る機会を定期的に設定した。そして，SGEやSSTを実践する際には，取り組むうえでのルールを設定した。このルールは，学級生活に関連づけたルールでもあり，その後の学級生活において守れたかについて確認を行った。ルールが守られた場合にはそのことを承認し，守られなかった場合には，なぜ守ることができなかったのか，その原因について学級全体で検討した。

また，本学級では市が立案したプログラムのほかに，生徒と教師間のリレーション形成を目的にした取組みとして，生徒一人一人に個人日誌を持たせて1日の振り返りを書かせ，それに対して教師が必ずコメント記入するなど，交換日記のようなやりとりを行った。

また，班活動や係活動，そして，掃除などのグループ活動が終わったら，必ず振り返りを行うようにした。このとき，グループ活動のなかでしっかりとできたことについては，グループ内で認め合うことはもちろん，そのことを学級全体の前で発表することによって，その他の生徒からも承認が得られるようにした。そして，担任教師からの承認も積極的に行うようにした。

結果

本実践の効果測定を行うために，5月と10月にQ-Uを実施した。

■**全体の平均値**

- 「学級生活満足度尺度」の「承認感得点」は5月から10月にかけて向上し，「被侵害感得点」は5月から10月にかけて減少していた。
- 5月と10月の得点の平均値について，統計的に得点の比較を行ったところ，「承認感得点」（10月＞5月）の向上に有意な差が認められた（図4-9-1）。

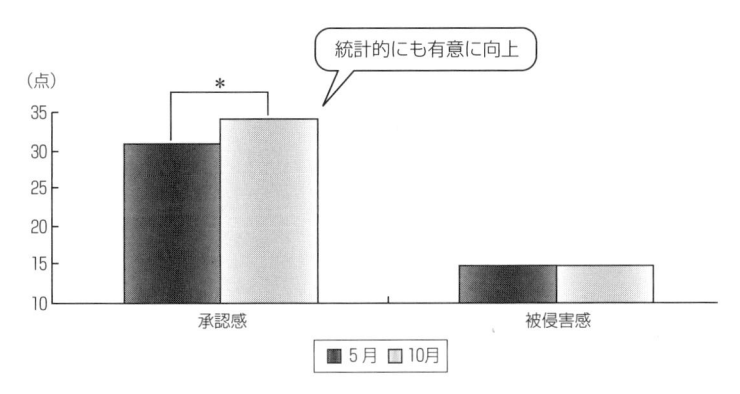

図4-9-1 「承認感得点」と「被侵害感得点」の変化

- 「学校生活意欲尺度」のすべての因子得点において，5月から10月にかけて向上していた。
- 5月と10月の得点の平均値について，統計的に得点の比較を行ったところ，「友人との関係得点」(10月＞5月)，「教師との関係得点」(10月＞5月)，「進路意識得点」(10月＞5月) の向上に有意な差が認められた（図4-9-2）。

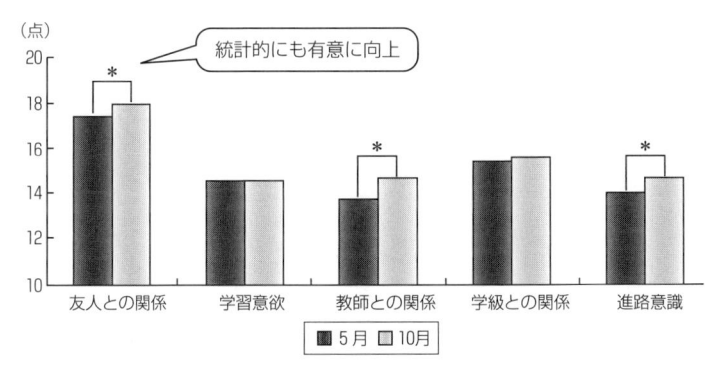

図4-9-2 「学校生活意欲尺度」得点の変化

■具体的なプロットの変化

　全体として，5月の第1回目のQ-U調査では，学級集団の状態がかたさのある集団ということや，「友人との関係得点」は高いが，「教師との関係得点」，「学級との関係得点」の低さから，学級内では特定の友人とのかかわりだけで学級生活に対する充実感や満足感を感じていたと考えられた。だが，継続的に取組みを行った10月においては，学級集団の状態は満足型へと移行し，さらに，日々の学級生活における諸活動にも意欲的に取り組んでいることが示された（図4-9-3）。

考察

　本学級に在籍している生徒の実態に即した取組みを継続的に行ったことにより，生徒間，および生徒と教師間のリレーション形成が促進されたと考えられる。また，学級での活動や，学級生活を送るうえでのルールについて振り返りを行い，承認される機会を意識的に設けたことにより，生徒はルールを守ることの大切さについて強化されたと考えられる。その結果，学級全体にリレーションやルールが確立され，学級が居心地よく安心できる場になった，つまり，満足型の学級集団へと移行したと考えられる。

■ 河村のコメント

　生徒たちや学級集団の実態を押さえ，教師が対応を修正して毎日継続して取り組んでいったことが，大きな教育実践の成果につながったと思います。
　本事例から学びたいポイントは次の点です。
○教育委員会が市内の児童生徒の実態をアセスメントし，適切でスタンダードなプログラムを各学校に提供した。
○生徒全員の個人日誌に毎日コメントを記入するなど，教師が地道な取組みを継続した。

第4章　実際の学校現場の実践論文に学ぶ

【5月時点のプロット図】

侵害行為認知群 5％　　　承認得点　　学級生活満足群 42％

被侵害得点

学級生活不満足群 8％　　　　　　　非承認群 45％

【10月時点のプロット図】

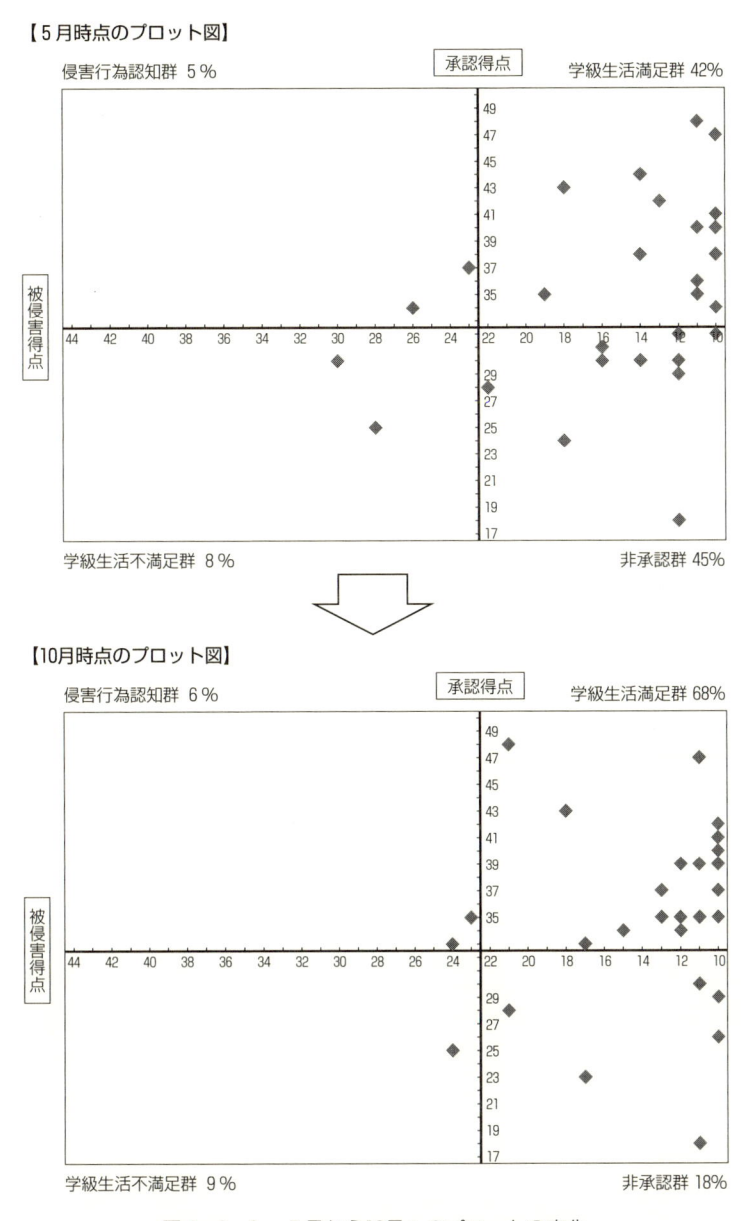

侵害行為認知群 6％　　　承認得点　　学級生活満足群 68％

被侵害得点

学級生活不満足群 9％　　　　　　　非承認群 18％

図4-9-3　5月から10月へのプロットの変化

117

(4) 適応指導教室等の取組み

【キーワード】
人間関係づくり，グループ活動

適応指導教室は次のように定義されています。

> 不登校児童生徒の集団生活への適応，情緒の安定，基礎学力の補充，基本的生活習慣の改善等のための相談・適応指導を行うことにより，その学校復帰を支援し，もって不登校児童生徒の社会的自立に資することを目的に，各都道府県，市町村の教育委員会により設置されている。　　文部科学省「不登校の対応の在り方について」(2003)

指導員には教師や退職した元教師，カウンセラーなどが配置されており，子ども10人に対して2名程度置くことが望ましいとされています。

カリキュラムは，学習の時間も確保しつつ，教室の仲間や指導員との自由で保護的な空間のなかで，スポーツや作業活動，個人活動・グループ活動を通して，子どもの心のケアと成長をめざしたものになっているため，一般の学校とはかなり異なっています。受容的な指導員と少数の不登校の子どもから構成される教室で，ゆるやかに人とかかわれるようになっているのです。

適応指導教室への参加は学校への出席として扱われており，2005年度に適応指導教室に参加して出席扱いとなった子どもは，約12,000人強に上ります。

今回取り上げたのは，首都圏の新興住宅地を抱える地域の事例です。

Study 10　県の教育相談指導教室での取組み
　　　　　——さまざまな集団活動の取組みを通して

問題
　本教室は首都圏に位置しており，良好な対人関係を形成できない，集団生活に対して不適応を示しているなど，さまざまな理由で不登校になった生徒が，教育センターなどの援助を受け，ある程度集団生活が送れる力がついたと判断された段階で入級してくる，中学校に併設された教室である。本教室では，入級してきた生徒に対してさまざまな援助を行い，通常学級への復帰を目的に実践を行っている。
　本教室に在籍している生徒は，ある程度集団生活を送れる力がついたと判断されているが，日々の生徒の様子を観察していると，人間関係をうまく形成できない，集団活動に抵抗を示す，などの共通した問題があると考えられた。そのため教師や親は，通常学級への復帰に向けては，良好な人間関係の形成や，集団活動に対する抵抗感の低下を目的とした取組みを行う必要があるのではないかとの問題意識をもっていた。

課題
　良好な人間関係の形成の仕方を学習させ，集団活動に対する抵抗感を低下させる。

仮説
　良好な人間関係の形成や，集団活動に対する抵抗感の低下を目的とした取組みを，日々の授業や学校行事を活用し，グループ活動によって体験させることで，生徒たちの共通した問題を改善する力が身につくだろう。

取組み方法
　まず，教科授業場面においては，全教科可能な限りティームティーチングでの授業の実施や，一斉指導と個別での補充学習を行った。そして，総合的な学習の時間では，さまざまな場面で人間関係づくりの基本を学

び，安心して話し合えるような雰囲気づくりと，生徒が役割を分担して協力し合って作業を行う体験ができるように，段階的に計画を立てた調理実習を行った。また，道徳や特別活動の時間では，「私たちのお店やさん」や「新聞タワー」などの，ゲーム的要素がありグループの協力を必要とする構成的グループエンカウンター（SGE）のエクササイズを実施したり，集団活動を行ううえでのルールやマナーについて話し合うなどの活動を継続的に行った。

そして，学校行事を活用した取組みとして，体育祭では，学級のスローガンや応援ボード作成の際に，生徒全員で話し合いをし，役割分担などを行った。また，修学旅行では，積極的に生徒同士がかかわれる機会を設けることで互いの関係を良好にするきっかけとするため，事前準備や旅行当日の役割分担などを生徒たちと一緒に行った。

> 結果

実践の効果測定を行うために，6月と11月にQ-Uを実施した。
■学級のプロットの変化

「学級生活満足度尺度」の「承認感得点」は6月から11月にかけて向上し，「被侵害感得点」は6月から11月にかけて減少しており，取組みの有効性が認められた。このようななかで1割の生徒が原籍校に復帰した。

具体的なプロットの変化は図4-10-1（P122）に記した。

> 考察

本教室に在籍している生徒たち個々の実態に即した取組みを，ていねいに，継続的に行ったことが，学級での満足感の向上につながり，それが生徒たちの情緒の安定に寄与したと思われる。今後の課題としては，生活リズムを整えるという点で個人差が大きく，それが進路選択などに影響することが考えられるので，その面への対応も含めたキャリア教育

が必要になるだろう。

> ■ 河村のコメント
> 　集団活動の苦手な生徒たちだけが集まった学級集団で，生徒個々の実態に応じて取り組める内容を精選し，毎日継続して取り組んでいったことが，教育実践の成果につながったと思います。
> 　本事例から学びたいポイントは次の点です。
> ○ SGEのエクササイズを，生徒たちの実態，段階的な関係性構築の見通しのもとで，アレンジして継続して取り組んだ。

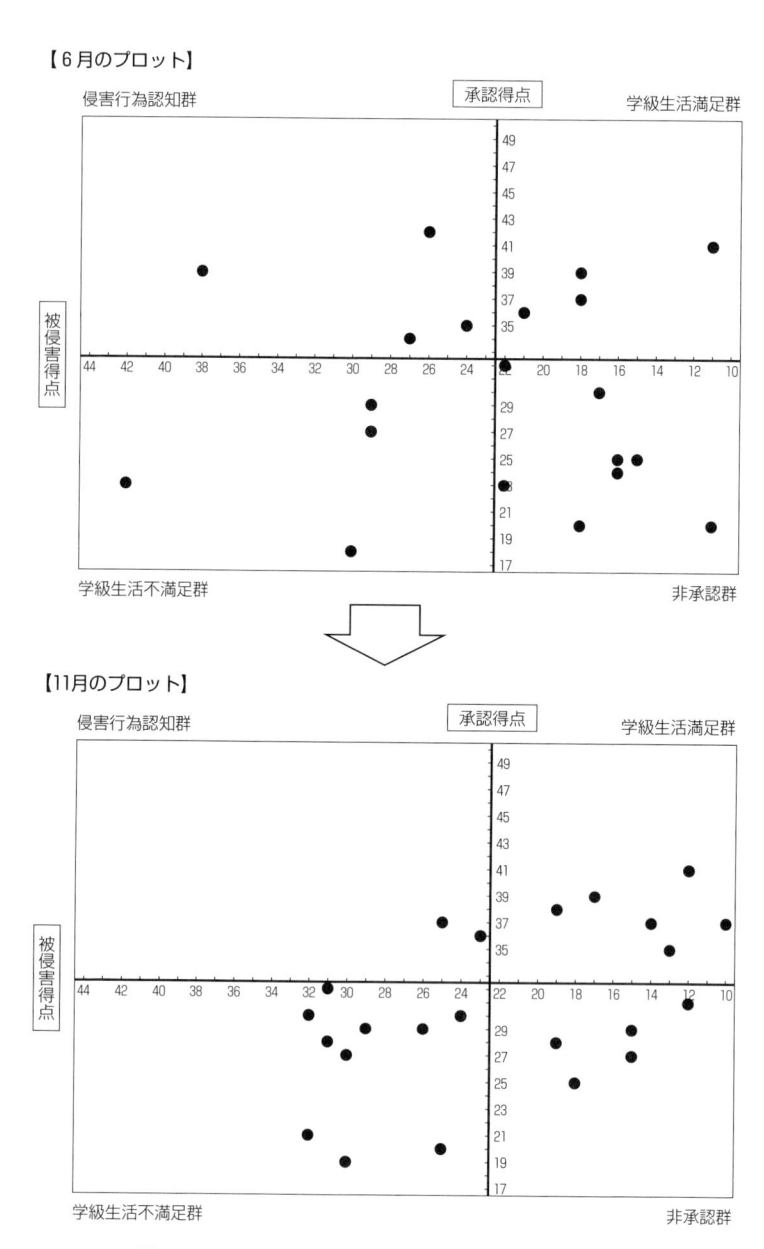

図4-10-1　教育相談指導教室の生徒の満足度の変化

第5章

教育実践論文に活用できる心理統計の基礎知識

学校現場の教育実践論文で，実践の前と後にきちんとデータをとって，その変容から取組みの成果を論じるというパターンは，まだ少ないように思います。しかし，社会ではこのような手法が一般的です。さらに，文部科学省が助成するさまざまな指定研究の成果の報告でも，このような手続きを求める流れが主流になってきました。

　そこで第3，4章では教育実践の前後にデータをとり，その結果を比較することにより，第三者が納得する形で成果をまとめる方法を説明しました。本章ではそれを一歩進めて，実践の前後のデータの比較検討に統計法を用い，その実践における成果，つまり上昇したという測定値が，成果として意味のある値なのか，偶然の範囲に含まれてしまうものなのかを分析する手法の基礎を紹介したいと思います。教育現場ではあまりなじみのない手法ですが，測定値の変化が意味を有するのかどうかを判断するうえで，学会レベルの研究論文には必ず必要な分析です。

　つまり，厳密には，実践を行った前と後で，
①信頼性と妥当性が確認されたテストや実態調査によるデータを用い，
②その差に有意差検定を行い，
③有意にプラスの変化が確認された場合のみ，
その実践は有効であったと判断できるのです。

　逆にいうと，きちんとした手法と形式に則ってまとめれば，教育実践論文は学会レベルの研究論文としても通用するということです。

　近年，現職の教師たちが研修として大学院に派遣されたり，教師をしながら大学院で学ぶということが珍しくなくなってきました。私が編集委員を務める日本カウンセリング学会や日本教育心理学会にも，そのような現職の教師たちの教育実践研究論文が多数投稿されてきます。

　本章は教育現場ではなじみのない領域ですが，興味のある方々はぜひ踏み込んでほしい領域だと思います。なお詳細は，日本教育カウンセリング学会編『教育カウンセリングリサーチガイド』（図書文化）を参照してください。

1 質的変数と量的変数

河村茂雄

　データ（data）とは，人間を対象とする科学では，事前に設定された研究目的・計画にそって，観察・面接・調査・実験・テストなどいろいろな方法を用いて収集した結果を，言語・数字・記号などで表した資料を指していいます。データは何らかの意味のある資料であって，単なる言語・数字・記号などの集まりではありません。

　具体的には，子どもたちの運動会の感想文もデータになりますし，学級の子どもたちの週ごとの漢字の小テストの点数もデータになります。また，子どもたちの欠席日数や月ごとに測定された体重の値などもデータになるのです。大事なことは，それらの結果が，事前の研究目的にそった意味のあるまとまりの資料になっているかどうかです。これらの一つ一つの値は変数（variable）ともいいます。

　変数は大別すると，質的変数と量的変数に分けることができます。

(1) 質的変数（qualitative variable）

　事前の研究目的にそって観察や測定によって集められた結果のうち，研究目的に従って内容的な分類をしたものを「質的変数」といいます。人や物や事象について，それぞれの特性に従ってまとめたり，名前をつけたり，記号をつけたりしたものです。

　質的変数は，非数量的性質をもっており，カテゴリーに分類される変数で，順位を示唆するもの（順位的）と，示唆しないもの（非順位的）とに分けることができます。

　順位的なものとしては，優，良，可，不可，などの変数があります。非順位的なものとしては，北海道，青森県，秋田県，岩手県……（名義

変数），男・女などの変数があります。

(2) 量的変数（quantitative variable）

　事前の研究目的にそって観察や測定によって集められた結果のうち，数量的に計測できる変数を，「量的変数」といいます。量的変数でデータがとってあれば，実践の前後でその値について計算式で分析が容易にできるのです。

　逆に，研究を行うときは，実践の前後の値を容易に分析しやすいように，データを量的変数の形に置きかえることが普通です。例えば，子どもたちの「学校生活の不適応度」を数値的に測ることはむずかしいので，「欠席日数」を測ることで，それに代用するわけです。

　このように，一般的定義（例では「学校生活の不適応度」）を測定できるように具体的に定義し直したもの（例では「欠席日数」）を「操作的定義」といいます。測る変数を測定可能な形に具体化することです。

```
＜変数の種類＞
①質的変数──非数量的なデータ
            研究目的に従って内容や特性を分類する
②量的変数──数量的なデータ
            統計的，計算的な分析が容易

＜操作的定義＞
数量的にとらえにくいものを，量的変数に置きかえること
  例）不適応の度合 ──→ 欠席日数
```

2 アンケートと心理検査の異同

川俣理恵

　子どもたちの実態把握を試みる方法として，観察法・面接法・調査法の３つがあります。その中で調査法は，自分で作成したアンケートなどと，心理検査とに分類することができます。

(1) 個別に作成された検査・アンケートと心理検査
　個別に作成した検査とは，例をあげると，不登校やいじめの実態把握についてのアンケートなどのことです。正確には，その結果で議論するためには，まずそのアンケートの信頼性と妥当性・臨床的妥当性を証明しなければならないのですが，学校現場ではそれほどの精度を求められないので，そのまま使用されていることが多いのです。
　○信頼性と妥当性・臨床的妥当性
　信頼性とは，同じ子どもに何度も同じアンケートを行っても，回答のぶれが少ないことです。妥当性とは，その検査で測ろうとしている内容が確かに測られているということです。臨床的妥当性とは，検査で測った内容と検査の対象である人物や集団の状態像とが，一致しているということです。
　心理検査とは標準化された検査です。「標準化された」とは，基準となる母集団に調査を実施し，その結果に対して統計的な手法によって信頼性と妥当性，臨床的妥当性を確認する作業が完了していることです。基準となる母集団とは，例えば中学生の学校適応を測るのであれば，全国の中学生を対象に一定の条件下でデータを集めてのことであり，大規模な作業を経ています。したがって，心理検査とは，専門家によって作成された信頼性・妥当性・臨床的妥当性が確認された質問紙のことであ

り，知能や学力，性格，適性などについて，決められた手順で実施すれば，より客観的なデータを得られる方法なのです。

(2) 心理検査を活用することのメリット

　心理検査を使うメリットとして，基準となる母集団との比較ができることがあげられます。例えば，個々の子どもの学力検査の点数が，全国の子どもの平均値や分布と比べて高いのか低いのかを論じることができます。また，実践の前後に心理検査の結果を比較することで，実践の効果を論じることができるのです。

　ただし，子どもについてより多面的に理解したいと考える場合には，複数の心理検査を組み合わせる方法（テストバッテリー）を用いたり，日常観察や子どもとの面接から得られたデータを補完する形で心理検査を利用することが効果的です。

(3) 個別検査と集団検査

　心理検査には，個別検査と集団検査とがあります。個別検査とは，1対1で行う方法であり，集団検査とは，集団に対していっせいに行う方法です。

　学校現場で活用される代表的なものとして，次ページ（**表5-1**）のような心理検査があります。

　個別検査には，知能検査などがあり，学校現場で知られているものとして，田中ビネー式検査やWISC-Ⅲ，K-ABCなどがあります。それぞれの検査は知能の違った側面を測っています。

　例えば，田中ビネー式検査では全体的な知能，WISC-ⅢやK-ABCでは，知能のなかの言語に関するものや動作に関するもの，情報処理の仕方というように，知能の一部を測るもので，子どもの個別対応の資料として活用することができます。

　集団検査には，学力検査，生徒理解・指導，進路指導などに利用でき

表5-1　学校現場で活用されることの多い心理検査の一例

方法	種類	検査名
個別検査	知能検査	ビネー式（田中ビネー式等）
		ウェクスラー式（WISC-Ⅲ等）
		K-ABC心理・教育アセスメントバッテリー
集団検査	学力検査	NRT（集団を基準とした相対的な学力の位置を測定する）
		CRT（目標を基準とした個人内の学力の伸びを測定する）
	生徒理解・指導検査	Q-U・Hyper-QU（学級満足度尺度）
		POEM（児童・生徒理解カード）
	進路適性検査	職業レディネステスト
		PASカード（学年別進路適性診断システム）

る検査があります。学力検査には，NRT，CRTといった標準学力検査などがあります。NRTは，同じ学年の子どもと自分のクラスの子どもを比べて，相対的な学力を測ることができます。それに対してCRTは，1学年の間にどの単元まで理解することができたかという，子ども個人の学力の伸びを測ることができるのです。

　生徒理解・指導検査には，Q-U（P20参照）やPOEMなどがあります。POEMは，子どもの性格や特性を8つの心の側面から測ることができるものです。

　したがって，心理検査を利用する際には，実践研究で明らかにしたいことを明確にしたうえで，それに合うものを選択する必要があります。

3 質問紙検査作成の留意点

藤原和政

　アンケートや心理検査などの質問紙を用いてデータを収集するうえで大事なのは，測定結果の正確性です。子どもたちにより正確に質問に答えてもらうには，決められた手順に従って質問紙が構成されていなければなりません。それを「尺度構成」といい，具体的な構成方法が決められています（標準化された心理検査はそれがすでに完了しています）。

　自分で作成したアンケートで正確な測定結果を得るためには，特に，教示文・質問項目・回答方法の3点が重要です。

```
「教示文」                              「回答方法」

この1か月間の学校生活を振り返って，     4　3　2　1
以下に書いてある気持ちや，体の調子に    よ　す　あ　ぜ
なったことがどのくらいありますか。一    く　こ　ま　ん
番あてはまる数字に，1つだけ○をつけ    あ　し　り　ぜ
てください。                            て　あ　あ　ん
数字には右に書いてあるような意味があ    は　て　て　あ
ります。                                ま　は　は　て
                                        る　ま　ま　は
                                              る　ら　ま
                                                   な　ら
「質問項目」                                         い　な
                                                         い
  1. 体から力がわいてこない。      4－3－2－1
  2. イライラしている。            4－3－2－1
  3. 人と話したくない。            4－3－2－1
        ⋮
```

図5-1　尺度構成の例

(1) 教示文

教示文とは，質問項目に回答する際に，どのように回答すればよいかについての説明を明記したものです。

例えば，中学生に学校生活において感じたストレスについて調査したい場合には，「この1か月間の学校生活を振り返って感じたストレスについてお答えください」など，この調査で測定したい事柄について明記する必要があります。なぜならば，測定したい事柄について明記しなければ，測定結果の正確性が低下してしまうからです。

上記の教示文から「この1か月」という記述を除いた場合，生徒が質問項目に回答する際に，3年生は入学してから現在までの約2年間強の学校生活に基づいて回答し，1年生は約1年未満の学校生活期間に基づいて回答するかもしれません。そのため，この調査において，3年生が他の学年の生徒よりもストレスを多く感じていた，という結果が得られたとしても，それは純粋に3年生が他の学年の生徒よりもストレスを感じていた場合もあるでしょうが，単に期間の長さの問題でストレスが多いとなったのかもしれません。

したがって，教示文には，測定したい事柄について具体的に明記することが必要です。

(2) 質問項目

質問項目は，測定対象となる人の心のメカニズムに関する理論や，これまでの先行研究の知見に基づいて選定され，繰り返し調査を実施した際にも結果の変動が少なく（信頼性），測定している内容を正確に測れている（妥当性）ことも検証された，複数の項目から構成されていることが求められます。

また，質問項目への回答の正確性を高めるために，項目内容を逆転させた（ポジティブな表現を，あえてネガティブな方向からの表現にす

る：集計する際には5点満点の5なら1として加算する）逆転項目が設けられていることも多くあります。

このように，質問項目とは，測定対象となる人の心の働きや機能について正確に把握するために，さまざまな検討が加えられたうえで選定，構成されます。

(3) 回答方法

質問に対する回答方法には，2件法（はい，いいえなど，2つの選択肢から1つを選択させる方法），評定尺度法（「5．よくあてはまる」から「1．全然あてはまらない」など，いくつかの段階を設定し，その中から選択させる方法）や，順位法（複数の回答選択肢について，順位づけをさせる方法）など，さまざまな回答方法があります。

そして，さまざまな回答方法からどの回答方法を選ぶかは，調査内容や対象者の年齢などを考慮し決定されます。例えば，ある出来事に対する経験の有無を測定対象とした調査の場合は，「ある・ない」の2件法が用いられますが，測定対象が経験の有無ではなく，例えば出来事に対する嫌悪感情の高低を調べる場合などには，評定尺度法を用いるのが妥当であると判断されます。

また，調査対象者が小学校低学年などで，質問項目の内容を正確に理解することができず，どの回答選択肢を選んでいいかの判断を下しにくい場合には，いいかげんな回答を防ぐために「どちらともいえない」を除いた回答方法が採用される場合もあります。つまり，調査で測定したい内容や調査対象者に合わせて，最適な回答方法が採用されなければなりません。

4 統計的検定の考え方

武蔵由佳

　教育実践や心理学で用いられる統計的検定の考え方は，次の点を明らかにするためのものであるといっても過言ではありません。

> 　（実践）研究から得られた結果が，
> 「意味のある結果」なのか，
> 「単なる偶然の産物・誤差の範囲」なのか
> 　この点について比較検討し，明らかにする

　このような検討の結果，「意味のある結果」だった場合に，有意差が認められると判断されます。厳密には，実践した結果に有意差が認められてはじめて，その教育実践の取組みは成果があったということができます。

　有意差を比較検討する方法は，結果の変数を数式にあてはめて計算するのですが，複雑です。しかし，いまは簡単に計算してくれるパソコンソフトがあり，それを利用するのが一般的ですので，本書では数式の説明は割愛します。しかし，検定するうえでの考え方については，余裕がある方はなじんでおくといいと思います。以下にその考え方の一部を説明します。

(1) 仮説を証明するために，帰無仮説を設定して否定する

　以下に，具体的な例にそって説明していきます。
　学力レベルが均等になるように2つの群に分類された中学生を対象に，「テストの前日に徹夜して勉強するA群」と「テスト一週間前から毎日1時間ずつ勉強するB群」を設定（勉強時間はどちらも6時間）し，ど

ちらがテストの成績がよいか，という点について検証することにします。

　教師としては，テスト前日に勉強するよりもテスト１週間前からこつこつ勉強するほうがよい（Ｂ群のほうがよい）ことを示したいのですが，これをどのように証明するのでしょうか。

　次の手順を踏みます。

①主張したいことを表現する仮説をまず立てる
　「Ａ群よりもＢ群のほうが成績がよい」
　　　　　　↓
　これを証明するために，相反する仮説である「２つの群の成績には差がない」を設定します。そして，それを否定する（無に帰す）ことで，もう片方の仮説が正しいことを証明するのです。統計的検定はこのプロセスが前提となっています。

　この否定する（無に帰す）ための仮説を，「帰無仮説」といいます。
　　　　　　↓
②帰無仮説の設定
　「２つの群の成績には差がない」
　　　　　　↓
　この帰無仮説が正しいか否かを判断します
　　　　　　↓
③帰無仮説の棄却・採択を判断するための基準（有意水準）を設定
　（一般には，まず５％を設定することが多い）
　　　　　　↓
④仮説の正否の判断をする
・帰無仮説が起こる確率が５％よりも高い場合，「２つの群の成績に差がない」という仮説は採択されます。
・帰無仮説が起こる確率が５％よりも低い場合は，「２つの群の成績には差がない」という帰無仮説は棄却され，「２つの群の成績には差がある」という仮説が採択されます。

以上のプロセスで比較検討していきます。

なかなか複雑ですが、近年はきちんと変数さえ入力すれば、②③④はパソコンが自動で計算してくれます。

(2) 有意水準とは

帰無仮説の棄却・採択を判断するための基準を「有意水準」と呼びます。

有意水準は p（probability：確率，確からしさの意味）という記号で表現されます。

第4章では図中に「*（アスタリスク）」のマークがありますが、「*」は有意水準が5％以下（$p < .05$；5％水準で有意）であることを示しています。これは設定した帰無仮説が偶然に起こる確率が「100回に5回以下」であることを意味し、これはめったに起こらないことなので帰無仮説は棄却され、反対の仮説である「2つの群の成績には差がある」が採択されることになります。

なお、有意水準は以下の基準を用います。第4章で「*」の数が異なるのはこの理由からです。

表5-2 有意水準の表し方

出現確率	表中での表記方法	有意水準
$p < .05$	*	5％水準で有意
$p < .01$	**	1％水準で有意
$p < .001$	***	0.1％水準で有意

統計的検定の学習は、心理学を専攻する大学院生でも苦労する人が多いものです。パソコンが普及する以前は、電卓を用いて手計算でやっていました。いまは便利なソフトもあり、パソコンで簡単にできる時代になりましたので、数学が苦手な文系の方も、考え方だけでも押さえておくといいでしょう。

5 代表的な統計的検定の方法

武蔵由佳

　統計的検定による分析は，研究の結果をより客観的に導くために活用するものですが，いくつかの方法があり，どのような方法で分析するのかは，実は研究計画段階で決定しておくべきものです。つまり研究計画によって，活用される方法はほぼ規定されるわけです。

　教育実践，カウンセリング心理学の領域で用いられる統計的検定では，t検定，分散分析，χ^2検定，相関の検討，因子分析の5つができれば，ほぼ70％はこと足りるでしょう。要は，それ以上の複雑な統計的手法を必要とする研究計画を立てないことです。細かい計算はパソコンがやる時代なので（該当する検定方法をクリックするだけ），実践者には研究計画をしっかり立てることが求められます。

　以下に代表的な統計的検定の方法を紹介します。

1. 教育実践の取組みの前後の結果を検定する方法

　この場合，おもに用いられる検定方法は，t検定と分散分析です。

(1) t検定——2つのものを比較する

　t検定は，2つのグループを比較したいときに，平均値に差があるかどうかを確認するための方法です。

　t検定は，さらに2つの方法に分かれます。

①同じ時点の2つのものを比べる……<u>対応のないt検定</u>

　例えば，次のような場合です。
・クラスの男子と女子でQ-U得点に差があるのか否か？
・A組の承認得点とB組の承認得点には差があるのか否か？

- B中学の1年生で，男子は1日に平均90分自宅学習をし，女子は100分であった。女子のほうが自宅学習の時間が長いといえるか？
- 自分の学校のQ-U得点は全国平均のQU得点より高いといえるか？

② 1つのものを時間を違えて比べる……**対応のあるt検定**

例えば，次のような場合です。

- 5月のQU得点と11月のQU得点に差があるか否か？
- 5月にスクールモラールの質問紙を行ったところ，学級の平均値が35.4点であった。そこで，個別面接をしたり，言葉がけをしたりして対応を行った。そして7月に再度同じ質問紙を行ったところ，学級の平均値が36.4点になった。この教師の対応は効果があったといえるか？
- 10月時点の学級の1500メートル走の平均タイムが350秒であった。そこで生徒に毎朝校庭を2000メートル走らせた。そして12月の時点で再度1500メートル走のタイムをとったところ，学級の平均タイムが337秒になっていた。このトレーニングは有効であったといえるか？

　実際に対応のあるt検定を行った結果を，次ページの**表5-3**に例示しました。Q-Uの承認得点と被侵害得点が6月と11月でどのように変化したかについて調べています。この場合，承認得点は6月よりも11月で得点が有意に高いことが明らかになりました。また，被侵害得点は6月よりも11月で得点が有意に低いことが明らかになりました。

　表には，有意な差があることを示すアスタリスク（***）がついています。

表5-3　A小学校のQ-U得点の比較（t検定結果）

Q-U	6月	11月	t値	有意差
承認得点	18.20 (3.63)	20.21 (3.32)	8.01***	6月＜11月
被侵害得点	11.86 (3.89)	10.02 (3.71)	6.75***	6月＞11月

（　）内は標準偏差　　　　　　　　　　　　　　　***：$p<.001$

(2) 分散分析────3つ以上のものを比較する

比較したいグループが3つ以上ある場合に、分散分析を利用します。

なお、分散分析は3群以上に差があるかどうかを検定するもので、どの群とどの群に有意な差があるかを検討するのは、あとに述べる多重比較という方法です。

①同じ時点の3つを比べる

例えば、次のような場合です。

・英語の中間テストの平均値が、A組は67点、B組は70点、C組は65点であった。クラス差があるといえるか？
・Q-U4群で学校生活意欲尺度（友人関係、学習意欲、学級の雰囲気）の得点に差があるか否か？
・A中学校3年生の5月のQ-U得点は、1年生のとき、2年生のときの5月のQ-U得点と差があるか否か？
・3クラスのQ-U得点の5月、10月、2月の変化を比較すると、生徒たちの学級生活の満足度は変化しているといえるか？

②n×mの条件で比較する

・一斉テストの前に、1組は毎日100問ずつ漢字の書き取り練習を実施した。2組は何もしなかった。テスト後の1組の漢字テストの平均値は78点、2組は75点、1か月後の同じテストの1組の平均値は70点、2組は68点、2か月後の同じテストの1組の平均値は70点、2組の平均値は69点であった。漢字の点数に影響を与えたのは書き取り練習の

有無か時間の経過か？

実際に分散分析を行った結果を**表5-4**に例示しました。

Q-Uの配慮のスキル得点によって，子どもをH群（得点が高い群），M群（得点が真ん中の群），L群（得点が低い群）に分類し，3群の承認得点の差異について検討しました。その結果，F値にはアスタリスク（***）がついていますから，3群間に有意な得点の差があることが明らかになりました。

表5-4　配慮のスキル得点別児童群の承認得点の分散分析および多重比較

配慮のスキルの3群	H群 113名	M群 145名	L群 95名	F値 (2,350)	多重比較 （5％水準）
承認得点	19.78 (3.69)	18.39 (3.51)	15.25 (3.59)	42.57***	H＞M＞L

（　）内は標準偏差　　　　　　　　　　　　　　　　***：$p<.001$

○多重比較

　分散分析の結果，0.1％水準で有意となったことが明らかになって終わりにしてはいけません。分散分析でわかることは，全体としてみると3つの群に有意差があるという情報のみです。HML群のどことどこに有意差があるのかということまではわかりません。

　それを調べるためには多重比較を行います。なお，多重比較にはTukeyの方法，FisherのLSD法，Dunnettの方法，Bonferroniの方法など，さまざまな方法があります。詳しくは統計分析の解説書を参考にしてください。

　多重比較の結果からは，H群が有意に得点が高く，L群が有意に得点が低い，などの情報が読み取れます。

2．他の2つのものを比較する検定方法

　代表的なものは，χ^2検定，相関の検討です。

(1) χ^2（カイ二乗）検定——あるものを期待度数と比べる

　質的変数のデータ同士を検定する方法として，χ^2検定が用いられます。
　例えば，「性別は？」という問いに対して「1．男，2．女」のいずれかを選ぶ場合など，カテゴリに数字を割りあてたデータの比較に用います。例えば，次のような場合に用います。

・公立中学校のA組は40人の生徒がいるが，男子が25人で女子が15人であった。この学級は男子の多い学級であるといえるか？

　χ^2検定では，母集団のデータがいくつかのカテゴリに分類されるとき，そのカテゴリの度数（例の場合は人数になります）に対して「すべてのカテゴリの度数は等しい」という仮説をもちます。つまり，「各カテゴリの度数には偏りがない」という仮説です。これを期待度数（期待値）といいます。100人の学生がいれば，性別の期待値は，男性50人，女性50人になります。

　χ^2という検定統計量は「観測度数と期待度数の間のズレを評価するもの」です。実際の観測度数が期待度数とかけ離れているほど，χ^2値は大きくなります。

(2) 相関係数（ピアソン）——2つのものの直線的相関をみる

　相関とは，2変数間の関連性を表す際に用いられるものです。
　例えば，身長が高くなれば体重が増えるというような現象がみられた場合，身長と体重という2変数の間に相関があるといいます。相関係数は，①関連の方向性と，②関連の強さを示している指標です。
　同様に，次のような場合に用います。

・中学生の1日に食べるご飯の量（g）と体重には相関関係があるといえるか？
・高校生の1日の英単語の暗記時間と記憶の定着には相関関係があるといえるか？

① 関連の方向性

2変数の関連を散布図で表すと次の3つで表わすことができます。
・Aのように右上がりの図になる場合は，正の相関があるといいます。
・Bのように右下がりの図になる場合は，負の相関があるといいます。
・Cのように2変数の間に何の関連性も認められない場合，無相関であるといいます。

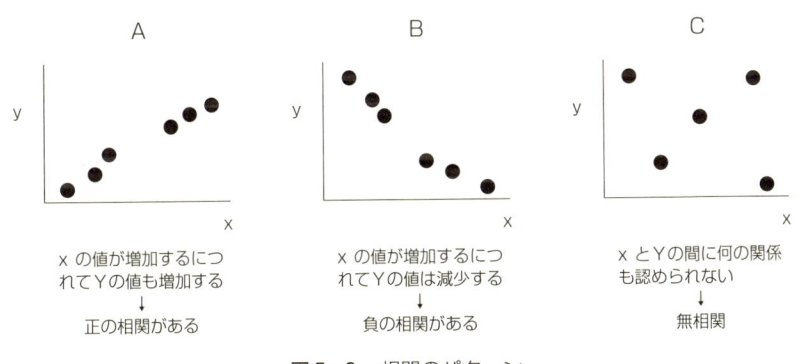

A
xの値が増加するにつれてYの値も増加する
↓
正の相関がある

B
xの値が増加するにつれてYの値は減少する
↓
負の相関がある

C
xとYの間に何の関係も認められない
↓
無相関

図5-2　相関のパターン

② 関連の強さ

相関の程度は相関係数という値によって表します。相関係数の値はマイナス1から1までの値をとります（$-1 \leq r \leq 1$）。正の相関の場合，その値は正の値をとり，負の相関では負の値をとります。相関の強さは次の基準を用います。

表5-5　相関係数の意味

相関係数の値	相関の強さの表現
$0.7 < |r| \leq 1.0$	強い相関
$0.4 < |r| \leq 0.7$	中程度の相関
$0.2 < |r| \leq 0.4$	弱い相関
$0 < |r| \leq 0.2$	ほどんと相関がない

③有意性の検定

相関も有意性の検定を行います。

アスタリスク（*）がついている部分が有意であることを示しています。

表5-6は，大学生版無気力感尺度と中高生版無気力感尺度の相関分析結果を示しています。この表から，大学生版の無気力感尺度の「疲労感」と中高生版の無気力感尺度の「意欲減退」に $r = .71$ という有意な強い正の相関がみられる，などの情報が読み取れます。

表5-6
大学生版無気力尺度と中高生版無気力感尺度の相関（下坂2001）

		大学生版無気力感		
		自己不明瞭	他者不信	疲労感
中高生版無気力感	中学生（n = 125）			
	意欲減退	.51***	.36***	.71***
	消極友人	.32**	.60***	.29**
	学習態度	.52***	.22*	.22*
	高校生（n = 116）			
	意欲減退	.39***	.28**	.65***
	消極友人	.15	.59***	.26**
	学習態度	.50***	.22*	.20*

$^{*}p < .05 \quad ^{**}p < .01 \quad ^{***}p < .001$

3．アンケートを作成するときに活用できる方法

(1) 因子分析―――相関をうまく利用してある一群のデータを，比較的少数の共通な潜在的変数にまとめる方法

因子分析は，たくさんのアンケートの項目（変数）間の相互関連性を分析して，最大公約数となる項目（変数）のまとまり（因子）を抽出する方法のことです。

例えば，Q-Uの「いごこちのよいクラスにするためのアンケート」は，承認の因子と被侵害の因子という2つの因子で構成されています。

アンケートを作成するときに，その因子を最も代表していると思われる項目を選び出して構成するのです。表5-7は無気力感尺度（下坂，2001）の因子分析結果です。

表5-7

無気力感尺度の因子分析結果（プロマックス回転後）（下坂2001）

項目	F1	F2	F3
23　私は将来の目標をもって生きている＊	.81	-.15	-.14
19　自分の将来を考えるとうんざりする	.75	-.03	.06
14　自分の将来を真剣に考える気にはならない	.73	-.13	-.06
10　私の未来には希望がもてないと感じる	.65	.11	.04
21　私は自分から進んで物事を行う熱意がないと感じる	.53	.14	.00
5　私は何事にも前向きに取り組む意欲があると思う＊	.51	.06	.00
2　日ごろ目的のない生活をしていて自分がだらけていると感じる	.47	-.02	.15
25　私は自分がつまらない人間のように感じる	.42	.23	.14
7　私は自分らしさをもっていると思う＊	.42	.09	.00
24　私にはほんとうに困ったときに助けてくれる人がいない	.06	.75	-.13
25　私をほんとうに理解してくれる人は少ないと思う	-.03	.66	-.03
17　周囲の人たちとのつき合いは退屈だと感じる	-.07	.63	.03
12　周りの人に助けを求めれば応えてくれると思う＊	.01	.56	-.03
2　私の周りの人たちは面白みに欠けると思う	-.08	.55	-.02
20　自分がひとりぼっちだという寂しさがある	.08	.47	.13
6　私は毎日の生活で疲れを感じている	-.10	-.02	.86
15　日々の生活で体がだるいと感じている	.01	-.02	.78
11　日ごろ精神的に疲れたと感じる	-.01	.09	.70
4　多忙な毎日で疲れて何もしたくなくなる	.07	-.13	.64
因子間相関	F1	F2	
F2	.57		
F3	.44	.49	

＊は逆転項目

因子分析の方法は，以下のとおりです。

①**因子の抽出方法を決める**：主因子法，最尤法などさまざまあります。
②**因子軸の回転方法を決める**：バリマックス回転，プロマックス回転などさまざまあります。

③因子の数を決める：固有値の減少傾向をみるスクリー法などにより因子数を決めます。

④因子の解釈をする：下坂（2001）は第1因子を「自己不明瞭感」，第2因子を「他者不信・不満足」，第3因子を「疲労感」と命名しています。

⑤あてはまりのよい結果を探す：因子負荷量が.40以下の項目，2つ以上の因子に.40以上の負荷を示した項目を削除し，「無気力感尺度」を構成しています。

⑥因子間相関を算出する：プロマックス回転の場合，因子間相関をTable中に示しました。

⑦信頼性（α係数）の検討：α係数は1に近づくほどよい。無気力感尺度では「自己不明瞭感」因子は$\alpha = .84$,「他者不信・不満足」因子は$\alpha = .76$,「疲労感」因子は$\alpha = .84$になりました。下坂（2001）は内的整合性の観点から信頼性は十分であると評価しています。

厳密には，アンケートを作成する場合は，上記のような因子分析を行って，項目を選定していかなくてはなりません。そのうえで，予備調査としてそのアンケートを利用してデータをとり，信頼性・妥当性の高さを確認してはじめて活用できるようになるのです。

【引用文献】
下坂剛2001「青年期の各段階における無気力感の検討」日本教育心理学研究, 49, pp305-313

6 分析結果の効果的な記述の仕方

武蔵由佳

　教育実践論文や研究紀要は，読み手にわかりやすく，効率的に情報を提供することが求められます。そこで本文に図や表を挿入することで，読み手にわかりやすい資料にすることが可能となります。

　その具体的方法が，表（Table）と図（Figure）です。表は上に，図は下にタイトルを挿入します。

○図表の表し方の例

表1　A小学校のQ-U 4群の出現率

	1回目	2回目	全国平均
満足群	54%	72%	38%
非承認群	12%	10%	18%
侵害行為認知群	17%	10%	18%
不満足群	17%	8%	26%

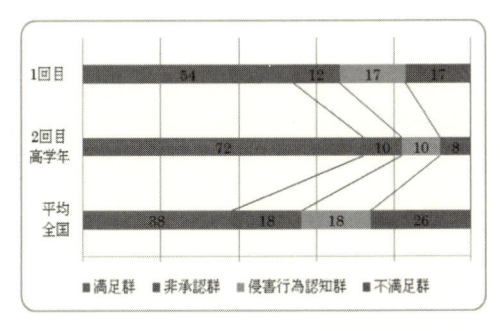

図1　A小学校（4〜6年）Q-U 4群の出現率の変化

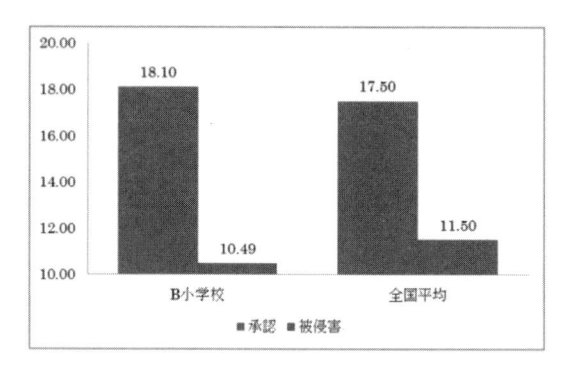

図2　B小学校と全国平均のQ-U得点の比較

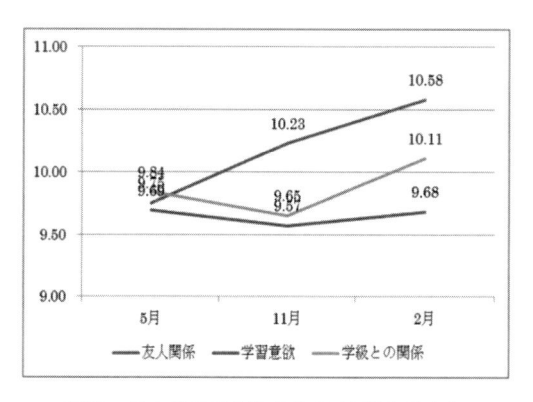

図3　C小学校の3時点のQ-U得点の変化

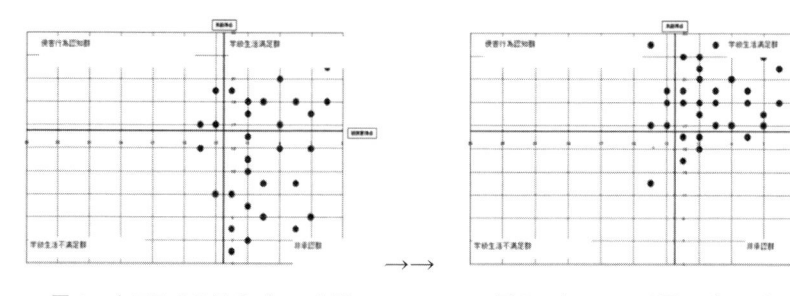

図4　クラスの5月のプロット図　　図5　クラスの12月のプロット図

これらの図表はエクセルなどのソフトで簡単に作成することができます。実態や変化の様子の全体像が，表や図によって読み手にイメージしやすいように表現されていると，理解が深まりますし，読もうという気にもなります。

　単調な文だけがえんえんと続いている，特に何に注目すればいいのかわからないような数字が羅列されている，このような教育実践論文や研究紀要は，読み手の読もうという意欲を低下させてしまい，ただ机に積読状態になってしまうことが多いのです。

Column　教育実践論文が第三者に評価されない理由

　私は日本教育心理学会や日本カウンセリング学会などで，その学会の研究誌に掲載する研究論文の審査をする常任審査委員を長くやっています。そのなかには大学院を修了した教師たちの投稿も年々増加しており，すばらしい研究論文がとても増えてきました。

　しかし，残念なことに，教育実践としてはすばらしいのですが，研究論文としては評価されないものも散見されます。評価されないおもな理由は，次の6つの点です。

①価値観に左右されている

　公立学校の教師が教育実践に対してもつ価値観が前面に出て，論文をまとめているということです。ある方法から得られたある結果に，どのような価値判断を下すのかは，読者に任される領域なのです。したがって，実践研究から得られた結果は，先行研究などを踏まえながら客観的に評価し，価値判断を交えずに記述することが求められます。

②オリジナリティがない

　まとめた内容（課題，結果，方法）が，先行研究ですでに言い尽くされており，あらためて発表するまでもない場合です。筆者が新しい提案と思ったことでも，実は過去にすでに発表されていたということはよくあることです。取り組んだ領域に関する過去の先行研究の文献研究をしっかりやっていないと，起こりがちなことです。

③論文全体に妥当性・信頼性がない

　教育実践に関するエッセイや啓発書などの本，自分が興味をもった他校の研究紀要など，妥当性・信頼性の確認されていない先行研究，理論，方法論をもとにして，教育実践論文がまとめられている場合です。必然性が示されないまま，特定の理論の立場でのみ問題

を捉え，教育実践が展開されているときも同様です。

さらに，自分が考えたことと，先行研究から引用したことが，識別されて記述されていない場合もやはり同様です。特に，引用した内容を自分の考えのように記述するのは，論文盗用の問題であり，教育現場の研究紀要でこれが散見されるのが残念です。

④方法論が具体的に示されていない

学校関係者以外の第三者がその論文を読んだときに，だれが，何を，だれに，どのように，どれくらい，対応したのかが，具体的にわかるように明記されていないのです。それでは，他の実践者や研究者は，その論文を読んでも同じように追試することができません。

⑤実践の結果や成果に妥当性・信頼性がない

問題を把握する判断基準や，対応・介入する方法，研究する対象の選択基準などが，あいまい，恣意的，客観性に欠ける，不明確，記述されていないなど，方法論が不十分な場合です。このようなプロセスで示された結果は，その時点で妥当性・信頼性が疑問視されてしまいます。

また，教育実践を実施した当事者の教師が一人で，観察法でその成果があることを判断した，というのは研究としては問題外です。その判断に，どうしても個人的主観が入った可能性が否定しきれないからです。

同時に，教師が独自でアンケートや質問紙を作成し，それをもとに測定し，その結果の数値の高さをもって，考察したような教育実践論文もあります。教育現場では，特に多く見受けられるケースですが，その結果に基づいてどんなに適切な考察を加えたとしても，研究論文としては不十分です。事実を測ろうとしたアンケートや質問紙に，妥当性や信頼性があるかが，吟味されていないからです。ものを測ろうとするそのモノサシ自身が適切かどうかの検討（妥当性）が，まず必要不可欠です。測ろうとするものを確かに測ってい

るのか，一人の人間が2か月間にその回答を2回したとして，そのときの回答値は安定しているのかどうか（信頼性），です。

　教師が教育実践のなかで，実践の指針や効果を確認したいと考え，独自のアンケートや質問紙を作成することはよくあることで，それはそれですばらしいことです。しかし，その結果を活用する前に，作成したアンケートや質問紙の妥当性や信頼性の検討をまず行うことが絶対に必要で，妥当性や信頼性が証明されなければそのアンケートや質問紙は使用できません。

　さらに，適切な方法論，妥当性や信頼性が証明された質問紙で測定値が導かれているものの，その結果に対して統計法を用いた検討がなされていない場合，適切な分析がなされていない場合も，論文としての妥当性と信頼性に疑問が出てしまうのです。

⑥実践研究で得られた結果以上に一般化された考察をしている

　例えば，取り組んだ内容は，学校に所属する生徒たちの自宅学習時間の実態調査なのだが，そこから日本の家庭教育，学校教育の問題，ひいては教育とは何かまで大々的に考察しているような例が，教育現場の研究紀要ではときどき見られます。こうなると教育実践論文ではなく，主義主張文になってしまいます。

　①～⑥の中で，学校現場の教師たちに特にハードルが高いのが④の問題です。この領域は学校現場ではほとんど省みられたことがなかった領域であり，教師もその教員養成課程で学んだことのない領域だからです。

謝辞

　私の研究室には，Q-Uを使った教育実践について，毎年，全国各地からたくさんの研究紀要や論文が送られてきます。本書の執筆にあっては，それらをたいへん参考にさせていただきました。なかでも，下記の学校，先生方からご提供いただいた事例は，これから研究を行う皆さんにとってよいモデルとなると考え，プライバシー保護のために一部脚色を加えたうえで，第4章に紹介させていただきました。この場を借りてお礼を申し上げます。

岩手県住田町立有住中学校 ならびに 根田真江校長先生
米沢市立第五中学校 ならびに 折笠国康先生
鹿沼市総合教育研究所 ならびに 金子英利先生
千葉県千葉市立緑町中学校 ならびに 明里春美先生
南アルプス市立大明小学校 ならびに 深沢和彦先生
稲沢市立稲沢西小学校 ならびに 杉村秀充先生
高知県高知市教育研究所 ならびに 吉本恭子先生
福岡県古賀市立古賀北中学校 ならびに 長しのぶ先生

※都道府県順

あとがき

　日本の教育現場で，多くの教師が多忙感と閉塞感に包まれているなかで，不登校の子どもも少なく，子どもたちの学力の定着も良好で，さまざまな活動にも活気がみなぎっている学級や学校が，全国各地域にはあります。先生方も忙しそうですが，たいへん意欲的なのです。

　残念なのは，そのような学校の教育実践の工夫について，他の学校や地域の先生方が，その情報を効率的に収集する方法が教育現場には少ないということです。

　私は全国のよい教育実践を，先生方が実証的な教育実践論文としてまとめて発信しあい，それを相互にモデルにして，さらに自分の教育実践を高めていくという流れができればいいと，切に願っています。

　また，地域や学校，学級によって，一人一人の子どもが受ける教育に大きな差があってはならないということを強く思います。

　このような気運が高まることは，結果として，教育者としての教師の専門性が社会的に認められる基盤にもなっていくと思うのです。そのような思いで本書を作成し，完成させるのに，1年の時間を要しました。

　この1年の間に，東日本大震災という未曾有の大災害がありました。私は四十代前半まで岩手大学に在職していました。その時の多くの教え子たちが，三陸の小中高等学校で教師をしています。この3年間は，とくに陸前高田をはじめとして三陸地方の学校に科学助成研究でかかわらせていただきました。研究室には，2011年2月のQ-Uのデータもしっかり保存されています。その子どもたちが，学校が，地域が，津波の大打撃を受けるのをテレビで繰り返し見て，愕然としました。日々，支援物資や寄付金を個人的に送るだけの自分に，無力感を感じました。

　しかし，三陸地方の教え子たちは，教師として，その日から，地域や学校教育現場の復興をめざして活動していました。その教え子たちが，「こういうときだからこそ，学校が，学級の仲間が，子どもたちの心の

支えになる」「危機の時こそ,日常の学級集団の教育力が大きな力になる」と実感したことを話してくれました。

　さらに,Q-Uを活用しながら学級経営に励んでいること,地域の学校のリーダーとしてQ-Uを用いて多くの先生方のサポートをしていることを話してくれました。これを聞き,涙が出るほどうれしくなりました。私もいま,そういう彼らを,応援しています。

　被災しながらも,一つ一つの教室で,一定レベルの教育を子どもたちに保障したいと頑張っている彼らに,頭が下がる思いです。

　本書が,全国の学校現場で,切磋琢磨する先生方のたたき台になれば,うれしいです。

　最後に,本書を出版する機会とたくさんの支援をいただいた,図書文化出版部の渡辺佐恵さんに,感謝の意を表したいと思います。

平成23年初夏
　　盛岡から宮古,釜石の学校に通っていた頃からの
　　仲間とのつながりを支えにして

河村茂雄

■編著者紹介

河村茂雄　かわむら・しげお

早稲田大学教育・総合科学学術院教授。博士（心理学）。筑波大学大学院教育研究科カウンセリング専攻修了。公立学校教諭・教育相談員を経験し，岩手大学助教授，都留文科大学大学院教授を経て，現職。日本教育カウンセリング学会常任理事。日本カウンセリング学会常任理事。日本教育心理学会理事。論理療法，構成的グループエンカウンター，ソーシャルスキルトレーニング，教師のリーダーシップと学級経営について研究を続ける。「教育実践に生かせる研究，研究成果に基づく知見の発信」がモットー。著書は，『教師のためのソーシャル・スキル』『教師力　上・下巻』（誠信書房），『若い教師の悩みに答える本』（学陽書房），『学級崩壊　予防・回復マニュアル』『学級担任の特別支援教育』『学級づくりのためのQ-U入門』『データが語る①〜③』『学級ソーシャルスキル』［共編］『日本の学級集団と学級経営−集団の教育力を生かす学校システムの原理と展望−』（図書文化）ほか多数。

■執筆者紹介

武蔵由佳　むさし・ゆか

盛岡大学文学部児童教育学科助教。博士（心理学）。上級教育カウンセラー，学校心理士，臨床心理士。公立中学校・私立高校の相談員，都留文科大学および早稲田大学非常勤講師を経て，現職。著書は，『Q-Uによる学級経営スーパーバイズ・ガイド』（共編，図書文化）ほか。Q-Uに関して，県や市町の教育委員会や，研究指定を受けた学校の委託を受け，教育実践や実態調査に関わるデータに心理統計分析を行い，効果の検証を行ったり，効果につながる有効な手立てを解明したりしている。

川俣理恵　かわまた・りえ

都留文科大学地域交流研究センター相談室相談員。上級教育カウンセラー，学校心理士，認定カウンセラー。都留文科大学大学院修了後，岩手県でスクールカウンセラーとして勤務し，現職。名城大学非常勤講師，千葉県子どもと親のサポートセンター相談員を兼務。

藤原和政　ふじわら・かずまさ

都留文科大学地域交流研究センター相談室相談員。上級教育カウンセラー，日本カウンセリング学会認定カウンセラー。私立中学・高等学校，専門学校非常勤講師，千葉県子どもと親のサポートセンター相談員を兼務。

実証性のある
校内研究の進め方・まとめ方
Q-U を用いた実践研究ガイド

2011年8月10日　初版第1刷発行　［検印省略］
2013年6月10日　初版第2刷発行

編 著 者　河村茂雄 ©
発 行 人　村主典英
発 行 所　株式会社 図書文化社
　　　　　〒112-0012　東京都文京区大塚1-4-15
　　　　　TEL. 03-3943-2511　FAX. 03-3943-2519
　　　　　振替　00160-7-67697
　　　　　http://www.toshobunka.co.jp/
装　　幀　本永恵子デザイン事務所
D T P　株式会社 Sun Fuerza
印刷製本　株式会社 厚徳社

JCOPY ＜（社）出版者著作権管理機構 委託出版物＞
本書の無断複写は著作権法上での例外を除き禁じられています。
複写される場合は，そのつど事前に，（社）出版者著作権管理機構
（電話 03-3513-6969, FAX 03-3513-6979, e-mail: info@jcopy.or.jp）
の許諾を得てください。

乱丁・落丁の場合はお取り替えいたします。
定価はカバーに表示してあります。
ISBN 978-4-8100-1591-1　C3037

図でわかる 教職スキルアップシリーズ 全5巻

初任から10年めの教師に贈る，一生モノのシリーズ

A5判・約180頁　本体各 1,800 円／本体セット 9,000 円

教師の間で受け継がれてきた教職のスキルを，学問的背景や幅広い実践経験にもとづいてまとめました。

教職についたその日から，すぐに求められる5つのテーマ

▶ **1 子どもに向きあう授業づくり**　生田孝至 編集
　－授業の設計，展開から評価まで－
　授業の基本の型を身につけ，自由自在に展開するための授業技術入門。

▶ **2 集団を育てる学級づくり12か月**　河村茂雄 編集
　学級づくりの原理と教師の具体的な仕事を，1年間の流れにそって提示。

▶ **3 学びを引き出す学習評価**　北尾倫彦 編集
　自らのなかに評価規準をもち，意欲をもって学び続ける子どもを育てる。

▶ **4 社会性と個性を育てる毎日の生徒指導**　犬塚文雄 編集
　新しい荒れに迫る，「セーフティ」「カウンセリング」「ガイダンス」「チーム」の視点。

▶ **5 信頼でつながる保護者対応**　飯塚峻・有村久春 編集
　かかわりのなかで保護者と信頼関係を築くための具体策。

シリーズの特色

- 要点をビジュアル化した図やイラスト
- どこからでも読める読み切り方式
- 実用性を追求し，内容を厳選した目次

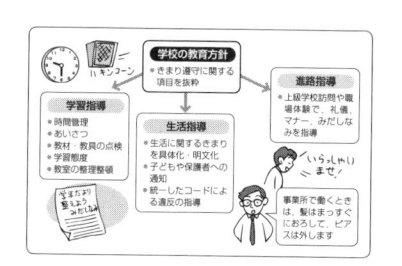

図書文化

※定価には別途消費税がかかります

河村 茂雄のQ-Uと特別支援

●学級づくりのためのQ-U

学級づくりのための Q-U入門
河村茂雄 著　●本体 1,200円
不登校・学級崩壊を予防するテストの活用ガイド

Q-U実践講座（CD-ROM：Windows用）
河村茂雄 監修・講義
NPO日本教育カウンセラー協会協力　●本体 4,000円
不登校・学級崩壊を予防するテストの活用ガイド

グループ体験による
タイプ別！学級育成プログラム 小学校編・中学校編
河村茂雄 編著　●本体 各2,300円
ソーシャルスキルとエンカウンターを統合して行う，ふれあいとルールのある学級づくり。

学級崩壊 予防・回復マニュアル
河村茂雄 著　●本体 2,300円
「学級の荒れ」のタイプと段階に応じる，診断・回復プログラム・実行のシナリオ。

Q-Uによる学級経営スーパーバイズガイド 小学校編・中学校編・高等学校編
河村茂雄 ほか編　●本体 3,000～3,500円
学級を診断し，学級経営の方針とプログラムを立てるための実践例とアイデア。

教職スキルアップシリーズ④
集団を育てる学級づくり12か月
河村茂雄 編集　●本体 各1,800円
集団の輪を広げて学級づくりを行うために教師が1年をかけて行う，日常の具体策とその理論。

●Q-Uを生かした特別支援教育

ここがポイント 学級担任の特別支援教育
河村茂雄編著　●本体 2,200円
学級状態×個別支援の必要な子どもで導き出される「個と全体に配慮した教室運営」の方針。

Q-Uによる 特別支援教育を充実させる学級経営
河村茂雄 著　●本体 各2,200円
通常学級で行う特別支援教育のポイントをイラスト入りで易しく解説。

図書文化

※定価には別途消費税がかかります

河村先生の学級集団アセスメントに新しいツールが加わりました

hyper-QU なら Q-U の診断結果に加え、対人関係力も診断できます

よりよい学校生活と友達づくりのためのアンケート

育てるカウンセリングツールシリーズ

hyper-QU

- 著者 河村茂雄
- 定価 **420円**（コンピュータ診断料込）
  500円（高校用：コンピュータ診断料込）
- 対象 小学校1～3年／小学校4～6年／中学校／高校

※ hyper-QU はコンピュータ診断専用版です

hyper-QU は、Q-U の2つの尺度（学級満足度尺度・学校生活意欲尺度）に、ソーシャルスキル尺度を加えた3つの尺度で診断します。

※高校用では、参考資料として悩みに関する質問項目が取り入れられています。

ソーシャルスキル尺度
対人関係（ひとづきあい）を円滑にするための技術（コツ）を測るものです。

ソーシャルスキル尺度を用いて、対人関係力を測ることにより、児童生徒および学級集団の状態を多面的にとらえることができます。

また、**個人票**（教師用／児童生徒用）も打ち出されるので、児童生徒一人ひとりに適切な対応を図ることができるようになりました。

Q-U は不登校やいじめの防止、あたたかな人間関係づくりに役立ちます

楽しい学校生活を送るためのアンケート

育てるカウンセリングツールシリーズ

Q-U

- 監修 田上不二夫
- 著者 河村茂雄
- 定価 **300円**（用紙100円　コンピュータ診断料200円）
- 対象 小学校1～3年・4～6年／中学校／高　校

学級全体と児童・生徒個々の状況を的確に把握する2つの診断尺度

「学級満足度尺度」、「学校生活意欲尺度」の2つの診断尺度と、自由記述アンケートで構成されています。
※小学校1～3年用には自由記述アンケートは付いておりません。

● **学級満足度尺度**：いごこちのよいクラスにするためのアンケート
クラスに居場所があるか（承認尺度）、いじめなどの侵害行為を受けていないか（被侵害尺度）を知ることができます。

● **学校生活意欲尺度**：やる気のあるクラスをつくるためのアンケート
児童・生徒の学校生活における各分野での意欲を把握することにより、子どもたちのニーズにあった対応を考える資料となります。学級、学年、全国の平均得点も打ち出されますので、今後の学級経営に役立ちます。

この商品のお求めは **図書文化社 営業部** へ　　　TEL.03-3943-2511　FAX.03-3943-2519

「満足型学級」育成の12か月
Q-U式 学級づくり

Q-U hyper-QU 実践編

小学校	河村茂雄 藤村一夫 浅川早苗 編著
中学校	河村茂雄 粕谷貴志 鹿嶋真弓 小野寺正己 編著

- 小学校低学年 — 脱・小1プロブレム
- 小学校中学年 — ギャングエイジ再生
- 小学校高学年 — プレ思春期対策
- 中学校 — 脱・中1ギャップ

B5判 約160頁
本体各 **2,000**円

学級づくりの基本的な流れを押さえよう!

学級集団づくりの1年間のアイデアを,豊富なイラストとともに収録
「日常指導」「授業・学習」「学級活動」「保護者対応」の4場面から提案

〒112-0012 東京都文京区大塚1-4-15　**図書文化**　TEL. 03-3943-2511　FAX. 03-3943-2519
http://www.toshobunka.co.jp/　※定価には別途消費税がかかります。

日本の学校がもつ教育力を,未来に向けて生かすために!

日本の学級集団と学級経営

集団の教育力を生かす学校システムの原理と展望

本体 **2,400**円　A5判　240頁

河村茂雄（早稲田大学教授）著

膨大なデータ分析から見えてきた教育改善の急所——
学級集団は学力向上や人格形成に大きく影響する。
ついにわかった「集団づくりに欠かせない条件」とは?

【目次】
1. 日本の学級集団の特性
2. 学級集団成立の歴史
3. 日本の学級集団の特性に影響を与える学習指導要領の変遷
4. 日本の学級集団の実態
5. 日本型の学級集団のメカニズム
6. 教育現場の学級問題への対処の現状
7. 現状の日本のガイダンス機能を補う取組み
8. 近年の日本型学級集団形成のむずかしさ
9. 日本の学校教育のガイダンス機能についての再考
10. グループアプローチと学級経営
11. 日本の教師のリーダーシップ行動
12. 日本の学級集団制度を考える

〒112-0012 東京都文京区大塚1-4-15　**図書文化**　TEL. 03-3943-2511　FAX. 03-3943-2519
http://www.toshobunka.co.jp/　※定価には別途消費税がかかります。

河村茂雄の学級経営

● Q-U を知る

学級づくりのためのQ-U入門
A5判　本体1,200円

●学級経営の1年間の流れ

Q-U式学級づくり 満足型学級育成の12か月
小学校（低学年／中学年／高学年）・中学校
B5判　本体各2,000円

シリーズ 事例に学ぶQ-U式学級集団づくりのエッセンス
集団の発達を促す学級経営
小学校（低／中／高）・中学校・高校
B5判　本体2,400~2,800円

●社会的スキルの育成

いま子どもたちに育てたい
学級ソーシャルスキル
小学校（低学年／中学年／高学年）・中学校
B5判　本体各2,400円（中学のみ2,600円）
CD-ROM版（Windows）　本体各2,000円
※CD-ROM版には、書籍版の2~4章（実践編：掲示用イラストとワークシート）がデータで収録されています。

●学級タイプに応じる最適の授業

授業づくりのゼロ段階
［Q-U式学級づくり入門］
A5判　本体1,200円

授業スキル　小学校編・中学校編
B5判　本体各2,300円

●リサーチからの提言

学級集団づくりのゼロ段階
［Q-U式学級集団づくり入門］
A5判　本体1,400円

データが語る　①学校の課題
②子どもの実態
③家庭・地域の課題
A5判　本体各1,400円

公立学校の挑戦　小学校編・中学校編
A5判　本体1,800円

教育委員会の挑戦
A5判　本体2,000円

●教育テーマ別

ここがポイント
学級担任の特別支援教育
B5判　本体2,200円

学級崩壊 予防・回復マニュアル
B5判　本体2,300円

●実践研究のアウトプット

実証性のある
校内研究の進め方・まとめ方
A5判　本体2,000円

●学級経営の体系的理解

日本の学級集団と学級経営
A5判　本体2,400円

図書文化

※定価には別途消費税がかかります。